JAPANISCH
· LERNEN ·
für Anfänger

LERNEN
Hiragana
STUDIENFÜHRER UND SCHREIBÜBUNGSHEFT

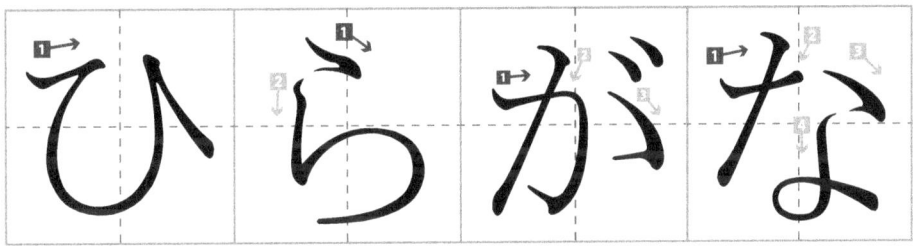

ARBEITSBUCH FÜR ANFÄNGER

© Copyright 2020 George Tanaka
Alle Rechte Vorbehalten

POLYSCHOLAR

www.polyscholar.com

Rechtliche Hinweise: Dieses Buch ist urheberrechtlich geschützt. Dieses Buch ist nur für den persönlichen Gebrauch bestimmt. Der in diesem Buch enthaltene Inhalt darf ohne direkte schriftliche Genehmigung des Autors oder des Herausgebers nicht reproduziert, vervielfältigt oder übertragen werden. Sie dürfen den Inhalt dieses Buches ohne die Zustimmung des Autors oder des Herausgebers nicht verändern, verteilen, verkaufen, verwenden, zitieren oder paraphrasieren.

© Copyright 2020 George Tanaka
Alle Rechte Vorbehalten

Rechtliche Hinweise: Dieses Buch ist urheberrechtlich geschützt. Dieses Buch ist nur für den persönlichen Gebrauch bestimmt. Der in diesem Buch enthaltene Inhalt darf ohne direkte schriftliche Genehmigung des Autors oder des Herausgebers nicht reproduziert, vervielfältigt oder übertragen werden. Sie dürfen den Inhalt dieses Buches ohne die Zustimmung des Autors oder des Herausgebers nicht verändern, verteilen, verkaufen, verwenden, zitieren oder paraphrasieren.

INHALT

TEIL 1	Einführung	4
	So verwenden Sie dieses Buch	4
	Hintergrundinformationen	5
	Hiragana-Tabellen & Grundregeln	7
	Tipps zum Schreiben	11
TEIL 2	Hiragana Schreiben Lernen	13
TEIL 3	Genkouyoushi	106
TEIL 4	Hiragana Flash-Karten	122

> **Tipp:** *Dieses Buch funktioniert am besten mit Gelschreibern, Bleistiften, Kugelschreibern und ähnlichen Materialien. Seien Sie vorsichtig mit Markern und Tinte, da schwere oder nasse Medien zum Anlaufen des Papiers oder zur Übertragung auf die darunter liegenden Seiten führen können. Hier sind einige Testfelder, um zu prüfen, wie geeignet Ihre Stifte sind:*

Einführung

JAPANISCH LERNEN

Der erste Schritt beim Erlernen des Lesens, Schreibens und Sprechens der japanischen Sprache sind das Erlernen von **Hiragana!** Wenn Sie mit dem Nachschlagen von Diagrammen der Zeichen beginnen, wird es schnell zu einer entmutigenden Aufgabe - aber dieses Buch wurde so konzipiert, dass Sie es **einfacher und schneller** in den Griff bekommen.

Wir beginnen mit einigen grundlegenden Hintergrundinformationen, um Ihnen ein besseres Verständnis dafür zu vermitteln, wie das gesamte Sprachsystem funktioniert. Dann, nach einem kurzen Blick auf die verschiedenen "Alphabete" *(ja, es gibt mehr als eins!)*, werden wir direkt mit dem Lernen von Hiragana beginnen!

WIE SIE DIESES BUCH VERWENDEN

Wie beim Erlernen jeder Sprache ist die Wiederholung einer der schnellsten Wege, sie zu lernen. Dieses Arbeitsbuch enthält sorgfältig gestaltete Anleitungen, die Ihnen beibringen, wie man jedes Zeichen schreibt, mit Platz zum Üben Ihrer neu erworbenen japanischen Kalligraphiekenntnisse:

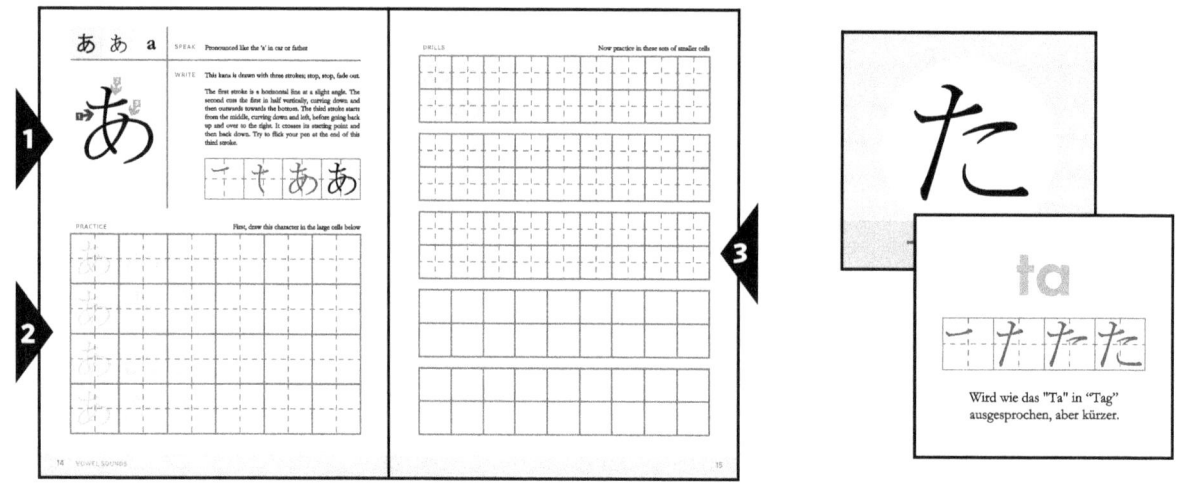

Im hinteren Teil dieses Arbeitsbuchs finden Sie zusätzliche Raster, die Sie verwenden können, nachdem Sie gelernt haben, einige (oder sogar alle) Hiragana zu schreiben - diese Rasterseiten werden traditionell als Genkouyoushi (oder 原稿用紙 auf Japanisch) bezeichnet, was "Manuskriptpapier" bedeutet.

Der letzte Teil dieses Arbeitsbuchs enthält eine Reihe von Seiten im Stil von Lernkarten, die entweder fotokopiert oder ausgeschnitten werden können. Sie sind eine großartige Hilfe, um sich die Symbole einzuprägen und Ihr Wissen zu testen. *Jüngere Lernende sollten sich beim Ausschneiden von einem Erwachsenen helfen lassen!*

JAPANISCHE SCRIPTE

Wenn Sie Japanisch lernen, werden Sie auf vier sehr unterschiedliche Arten von Schriften (oder Alphabete) stoßen. Das mag sich zunächst kompliziert anhören, aber es sollte gleich viel mehr Sinn ergeben - vor allem, weil Sie bereits eine davon verstehen werden!

RŌMAJI ロマンジ

Wörtlich übersetzt bedeutet dies "römische Buchstaben" und ist eigentlich nur eine Darstellung der japanischen Sprache mit bekannten englischen Buchstaben. Sie wird nur verwendet, um die Sprache in eine Form zu übersetzen, die Nicht-Japaner verstehen können. Im alltäglichen Gebrauch ist sie nicht sehr verbreitet.

Die anderen drei Schriften, Hiragana, Katakana und Kanji, werden ständig verwendet, und sie werden normalerweise kombiniert, um Wörter und Sätze in der japanischen Alltagssprache zu bilden. Jede Schrift hat ihren eigenen Zweck und zusammen sagen sie uns, was Wörter bedeuten, woher sie kommen und wie sie ausgesprochen werden sollten.

HIRAGANA ひらがな

あいうえおかきくけこ

Dies ist die erste Schrift, die wir lernen, und sie besteht aus einfachen Zeichen, die aus runden Formen bestehen. Anders als das englische Alphabet ist es eine phonetische Schrift, und jedes Zeichen steht für einen Silbenlaut. Jedes Mal, wenn Sie ein bestimmtes Zeichen sehen, werden Sie wissen, wie es klingt.

KATAKANA カタカナ

アイウエオカキクケコ

Auch dies ist eine einfache phonetische Schrift. Katakana stellen die gleichen Silbenlaute dar wie Hiragana, werden aber für Wörter verwendet, die aus anderen Sprachen entlehnt wurden, wie z.B. ausländische Namen, moderne Technologien oder Lebensmittel. Ihr Erscheinungsbild ist kantiger und stacheliger.

KANJI 漢字   Hintergrundinformationen

Wörtlich übersetzt als "chinesische Buchstaben" sind Kanji Zeichen, die der chinesischen Sprache entlehnt sind. Im Gegensatz zu den anderen Schriften, die Laute darstellen, zeigen Kanji-Symbole Bedeutungsblöcke, wie ganze Wörter oder eine allgemeine Idee über etwas.

年本月生米前合事社京

Es gibt buchstäblich Tausende von Kanji, und es werden ständig neue geschaffen, sodass sie selbst für die fortgeschrittensten Linguisten eine ziemliche Herausforderung darstellen. Es gibt eine gewisse Logik, wie sie gemacht werden, sodass Sie schließlich erraten oder verstehen könnten, was diese Symbole bedeuten, die Sie vorher noch nicht gesehen haben.

KANA-SILBENBÜCHER

Hiragana und Katakana (allgemein als Kana bekannt) haben jeweils 46 Grundzeichen, die im Gegensatz zu den englischen Buchstaben einen anderen gesprochenen Laut (anstelle eines Buchstabens) darstellen.

Hiragana	あ	い	う	え	お
Katakana	ア	イ	ウ	エ	オ
Romaji	a	i	u	e	o
	'ah'	'ee'	'oo'	'eh'	'oh'

Praktisch alle diese Laute basieren auf nur 5 "Vokallauten", denen wir einen Konsonantenlaut voranstellen, um neue zu bilden.

Dieses Buch zeigt Ihnen, wie Sie alle grundlegenden Hiragana schreiben können, und auch, wie zusätzliche Laute durch die Kombination der Grundzeichen entstehen. Am Ende des Buches werden Sie in der Lage sein, die Zeichen zu schreiben, die die meisten der für Japanisch benötigten Laute bilden.

Die nächsten Seiten enthalten eine Menge Informationen, aber versuchen Sie, sich davon nicht überwältigen zu lassen. Zusätzlich zu den Diagrammen aller grundlegenden Kana, die Sie lernen werden, werden wir einige der grundlegenden Regeln zum Kombinieren dieser Symbole aufschlüsseln - dann ist es Zeit, den Stift zu Papier zu bringen!

Hiragana-Tabelle

Diese Tabelle zeigt die 46 grundlegenden Hiragana mit einer Schreibweise in Romaji für einen ähnlichen phonetischen Klang. Die Vokallaute stehen oben und ihre Gegenstücke mit Konsonantenlauten sind darunter dargestellt. ***Beachten Sie die Ausnahme 'n' - auch *wo ist ein ungewöhnliches Kana.*

	a	**i**	**u**	**e**	**o**
	あ a	い i	う u	え e	お o
k	か ka	き ki	く ku	け ke	こ ko
s	さ sa	し shi	す su	せ se	そ so
t	た ta	ち chi	つ tsu	て te	と to
n	な na	に ni	ぬ nu	ね ne	の no
h	は ha	ひ hi	ふ fu	へ he	ほ ho
m	ま ma	み mi	む mu	め me	も mo
y	や ya		ゆ yu		よ yo
r	ら ra	り ri	る ru	れ re	ろ ro
w	わ wa		ん **n		を *wo

Vokale (oben) / Konsonanten (links)

Modifikatoren

DIAKRITIKA

Zusätzlich zu den grundlegenden Hiragana gibt es **25 diakritische** Zeichen. Diese stehen für ähnlich klingende Silben, die unterschiedlich ausgesprochen werden. Es sind im Wesentlichen die gleichen Grundsymbole, aber mit zusätzlichen Zeichen, um anzuzeigen, dass sie mit einem leicht veränderten Klang ausgesprochen werden sollten:

は ha — *Grundlegend*
ば ba — *mit Dakuten*
ぱ pa — *mit Handakuten*

Grundlegende Hiragana mit diesen kleinen Strichen *(Dakuten)* oder einem Kreis *(Handakuten)* darüber zeigen, dass der konsonantische Teil des Lautes beim Sprechen verändert werden muss:

- k-werden mit einem g-Laut ausgesprochen.
- s-Töne wechseln zu einem Z-Ton (außer し).
- t-Töne werden zu d-Tönen.
- h-Töne werden bei Dakuten zu B-Tönen.
- ...oder P-Töne mit dem Handakuten.

	a	i	u	e	o
k ▶ g	が ga	ぎ gi	ぐ gu	げ ge	ご go
s ▶ z	ざ za	じ ji	ず zu	ぜ ze	ぞ zo
t ▶ d	だ da	ぢ dzi (ji)	づ dzu	で de	ど do
h ▶ b	ば ba	び bi	ぶ bu	べ be	ぼ bo
h ▶ p	ぱ pa	ぴ pi	ぷ pu	ぺ pe	ぽ po

DIGRAPHEN

Diese Gruppe von Symbolen wird Digraphen genannt - unter Verwendung von zwei Grundzeichen, die wir bereits gesehen haben, zeigen sie, wo zwei Silbenlaute kombiniert werden, um einen neuen zu erzeugen:

き (ki) + や (ya) = きゃ (kya)

Beim Schreiben dieser Buchstaben ist es wichtig, dass das zweite Zeichen deutlich kleiner gezeichnet wird als das erste. Daran erkennt man, dass die beiden Laute kombiniert werden sollen.

Die Aussprache dieser sogenannten zusammengesetzten Hiragana-Laute ist recht einfach - zum Beispiel wird き (ki) + や (ya) zu きゃ (kya) und wir sprechen es wie 'kiya' ohne den 'i'-Laut aus.

Lassen Sie sich von der Tabelle unten nicht abschrecken - alle Digraphen werden ausschließlich mit Buchstaben aus der Spalte い/i gebildet (außer sich selbst) und sie werden nur durch Buchstaben aus der Zeile Y verändert!

きゃ	きゅ	きょ	ぎゃ	ぎゅ	ぎょ
kya	kyu	kyo	gya	gyu	gyo
しゃ	しゅ	しょ	じゃ	じゅ	じょ
sha	shu	sho	ja	ju	jo
ちゃ	ちゅ	ちょ	にゃ	にゅ	にょ
cha	chu	cho	nya	nyu	nyo
ひゃ	ひゅ	ひょ	びゃ	びゅ	びょ
hya	hyu	hyo	bya	byu	byo
ぴゃ	ぴゅ	ぴょ	りゃ	りゅ	りょ
pya	pyu	pyo	rya	ryu	ryo
みゃ	みゅ	みょ			
mya	myu	myo			

Modifikatoren

DOPPELKONSONANTEN

Einige japanische Wörter enthalten einen doppelten Konsonantenlaut. Wenn wir diese Wörter schreiben, fügen wir ein zusätzliches Symbol in Form eines kleinen つ/tsu (genannt sokuon) hinzu, um zu zeigen, dass es anders ausgesprochen werden muss. Schauen wir uns ein Beispiel an:

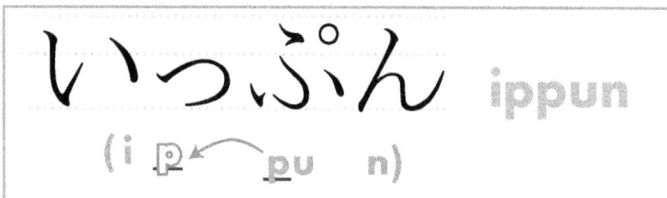

Ohne das kleine つ (tsu), hat das Wort いぷん (ipun) keine Bedeutung, aber いっぷん (ippun), mit dem sokuon, bedeutet (eine) Minute.

Beachten Sie, dass das kleine つ vor dem Zeichen platziert ist, von dem es den zusätzlichen Konsonantenlaut übernimmt. Wenn Sie Wörter mit diesem Modifikator sehen, wird der konsonantische Teil des Zeichens, das ihm folgt (in diesem Beispiel das 'p' aus 'pu'), an das Ende des Lautes davor angefügt.

Beide Konsonanten müssen beim Sprechen des Wortes getrennt zu hören sein, so als würde man "ip--pun" sagen, aber ohne eine hörbare Lücke zu hinterlassen.

LANGE VOKALLAUTE

Genauso wie es doppelte Konsonantenlaute gibt, müssen wir uns auch der verlängerten Vokallaute bewusst sein (z.B. aa, ii, oo, ee, und uu). Beim Sprechen verlängern wir einfach die Dauer des Lautes (normalerweise doppelt), aber beim Schreiben dieser Wörter wird der lange Vokallaut mit einem zusätzlichen Zeichen (Chouon genannt) dargestellt. Das verwendete Zeichen variiert je nach Vokal:

Vokale	Extender
a	あ
i / e	い
u / o	う

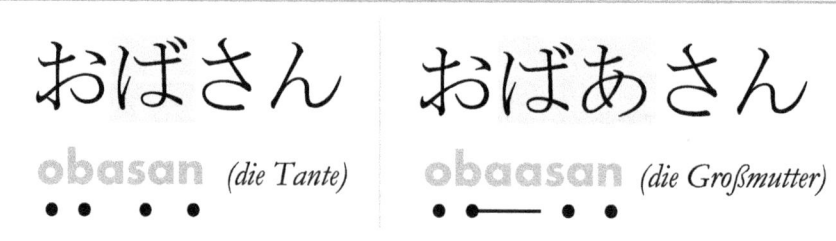

Hier ist ein Beispiel, um zu zeigen, wie sich die Bedeutung des Wortes ändert, indem der längere Vokalton hinzugefügt wird!

Die japanische Sprache ist voll von Ausnahmen, aber die lernt man mit der Erfahrung. Es ist nur nützlich, sich der doppelten Konsonanten und Vokale erst einmal bewusst zu sein, damit Sie verstehen, wenn Sie einen sehen!

SCHREIBRICHTUNG

Japanische Texte sind oft in vertikalen Spalten angeordnet, die von oben nach unten geschrieben und gelesen werden, eine Spalte nach der anderen, beginnend auf der rechten Seite. Seit dem Ende des Zweiten Weltkriegs wird die bekanntere horizontale Ausrichtung verwendet - gelesen wird von links nach rechts, wie in der englischen Sprache. Dies gilt für alle unterschiedlichen Schriften.

Der Text in diesen Beispielen ist bis auf die Lese- und Schreibrichtung identisch:

1.
多分彼女は怠け者です。
多くの場合、一日中。
彼らは寝るのが好きです。
彼女は行儀が良い。
私は犬を飼っています。
2.

Tategaki
縦書き
('vertikales Schreiben')

1.
私は犬を飼っています。
彼女は行儀が良い。
彼らは寝るのが好きです。
多くの場合、一日中。
多分彼女は怠け者です。
2.

Yokogaki
横書き
('horizontales Schreiben')

Beide Stile sind akzeptiert und werden oft aufgrund des Layouts und Designs des Dokuments gewählt. Im Allgemeinen werden vertikale Layouts für traditionelle Texte verwendet, während horizontaler Text in modernen Schriften oder auf offiziellen Dokumenten zu finden ist. Eine Sache, die Sie sich merken sollten, ist, dass Bücher mit dem tategaki (vertikalen) Schreibstil in der entgegengesetzten Richtung zu englischen Büchern gebunden sind, so dass Sie tatsächlich mit dem Lesen vom hinteren Einband beginnen!

PRONUNKATION

Das Erlernen einer guten Aussprache des Japanischen beginnt mit dem Erlernen der Kana-Schriften, da diese die meisten Laute abdecken, die wir für die gesamte Sprache benötigen. Es ist wichtig, dieses frühe Stadium zu üben, wenn Sie einen natürlich und muttersprachlich klingenden Akzent entwickeln wollen.

Hinweis: Dieses Arbeitsbuch enthält eine sehr grundlegende Einführung in die japanische Aussprache, da diese am effektivsten mit Audio unterrichtet wird. Jede der Übungsseiten verwendet ein ähnlich klingendes Wort oder eine Silbe aus dem Englischen, um die Laute zu beschreiben - es ist eine gute Übung, diese laut zu wiederholen, während Sie durch das Buch gehen.

Tipps zum Schreiben

STRICHE & LINIEN

Japanische Schriften wurden ursprünglich mit einem Pinsel geschrieben und haben ein tintiges, gemaltes Aussehen. Heutzutage verwenden wir moderne Stifte, aber es ist wichtig, dass wir lernen, mit den traditionellen Bewegungen und Strichen zu schreiben. Praktischerweise enthält das Hiragana-Zeichen け (oder 'ke') jede der drei Arten von Strichen, die Sie verwenden werden - um zu beschreiben, wie man die Zeichen im nächsten Kapitel schreibt, haben wir ihnen Namen gegeben, die widerspiegeln, wie sie gemacht sind und aussehen:

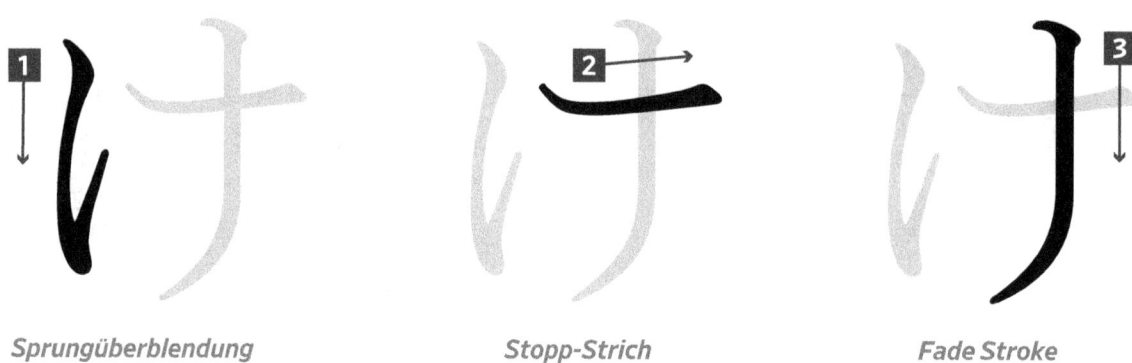

Sprungüberblendung   *Stopp-Strich*   *Fade Stroke*

Die **'Sprungüberblendung'** wird mit einem schnellen Abheben des Stifts vom Papier am Ende dieses Strichs ausgeführt. Der **'Stopp-Strich'** ist genau das, wonach er klingt: Ihr Strich wird zu einem definitiven Stopp gebracht, bevor Sie den Stift anheben. Ein **'Fade Stroke'** wird gemacht, indem Sie Ihren Stift sanfter vom Papier abheben, während Ihre Hand in Bewegung ist. Sie können sich vorstellen, wie die Linie dünner wird und ausläuft, wenn Sie eine dicke, nasse Pinselspitze allmählich vom Blatt abheben.

SCHREIBSTIL

Dieses Buch wird Ihnen beibringen, wie man Hiragana mit den Standardbewegungen schreibt, die auf den gebürsteten Erscheinungen basieren, aber Sie werden im Laufe des Lernens auf andere Zeichenstile stoßen:

Diese Zeichen haben alle die gleiche Bedeutung, sehen aber nur etwas anders aus, weil sie entweder von Hand, mit Kugelschreibern oder Bleistiften angefertigt oder als moderne digitale Schrift auf einem Bildschirm (oder im Druck) dargestellt werden. Auch wenn sich das Aussehen leicht ändert, bleibt die Bedeutung erhalten.

Teil 2

LERNEN, WIE MAN HIRAGANA SCHREIBT

あ　あ　a

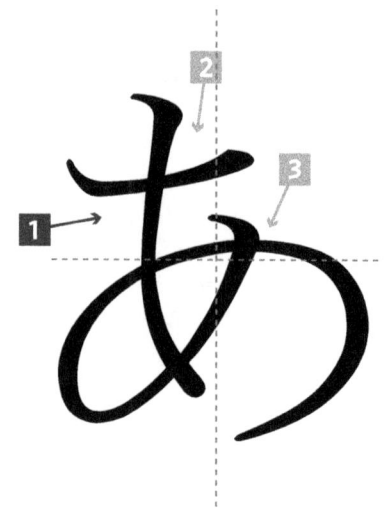

SPRECHEN　Wird ausgesprochen wie das "A" in "Apfel".

LERNEN　Gezeichnet mit drei Strichen; stop, stop, ausblenden.

Der erste Strich ist eine horizontale Linie in einem leichten Winkel. Der zweite schneidet den ersten vertikal in der Mitte und wölbt sich nach unten und dann nach außen zum Boden hin. Der dritte Strich beginnt in der Mitte, krümmt sich nach unten und links, bevor er wieder nach oben und nach rechts verläuft. Er kreuzt seinen Startpunkt und geht dann wieder nach unten. Versuchen Sie, Ihren Stift am Ende dieses dritten Strichs zu schnippen.

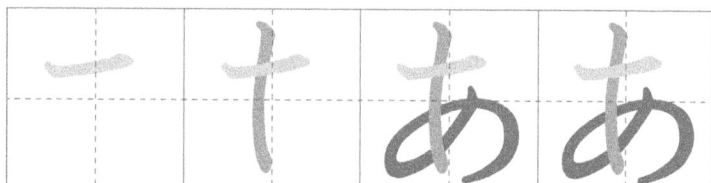

SCHREIBEN　Zeichnen Sie zunächst die Formen in den großen Zellen unten nach.

ÜBEN Üben Sie nun das Zeichnen dieser Figur in diesen kleineren Zellen.

15

い　い　i

SPRECHEN　Wird wie das "I" in "Igel" ausgesprochen.

LERNEN　Mit zwei Strichen gezeichnet; Sprungüberblendung, Stopp.

Der erste Strich ist eine geschwungene diagonale Linie, die unten scharf nach oben abbiegt und mit einem Federstrich endet. Diese Art der Freigabe mit einer scharfen Wendung wird als Hane bezeichnet. Wenn Sie eine Hane schreiben, ist es so, als ob dieser Strich mit dem nächsten verbunden wird. Der zweite Strich beginnt fast dort, wo Ihr erster aufhört - zeichnen Sie eine entgegengesetzte geschwungene Linie vom ersten Strich, kürzer als der erste, ohne die Hane.

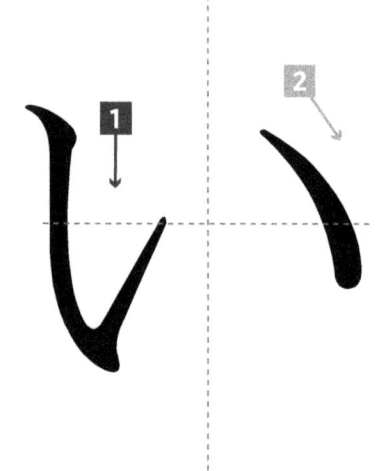

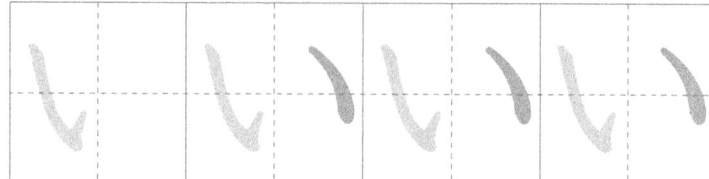

SCHREIBEN　Zeichnen Sie zunächst die Formen in den großen Zellen unten nach.

ÜBEN Üben Sie nun das Zeichnen dieser Figur in diesen kleineren Zellen.

| う | う | **u** |

SPRECHEN Wird ausgesprochen wie das "u" in "zu".

LERNEN Gezeichnet mit zwei Strichen; Sprungüberblendung, Stopp.

Ziehen Sie die kurze schräge Linie oben in der Mitte und schnippen Sie den Stift zurück und nach links weg. Achten Sie auf den zweiten Strich, wenn Sie den Stift wegschnippen - er beginnt fast dort, wo der erste endete, in der gleichen Richtung. Die Ohrform wölbt sich nach rechts oben und dann nach unten zur unteren Mitte. Schnippen Sie den Stift auch bei diesem Strich. Der erste Strich sollte nicht zu groß sein, sonst wirkt er unausgewogen.

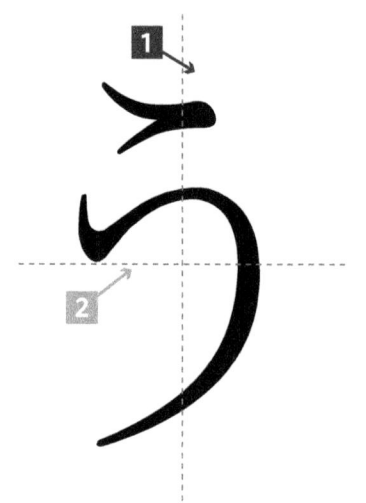

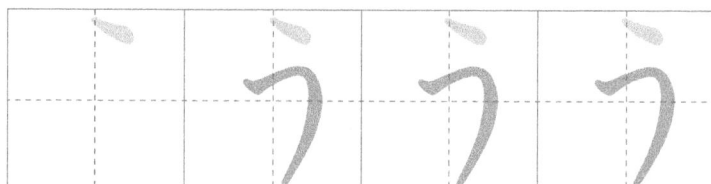

SCHREIBEN Zeichnen Sie zunächst die Formen in den großen Zellen unten nach.

ÜBEN Üben Sie nun das Zeichnen dieser Figur in diesen kleineren Zellen.

え え e

SPRECHEN Wird als "eh" ausgesprochen, wie das "E" in "Engel".

LERNEN Gezeichnet mit zwei Strichen; Sprungüberblendung, Stopp.

Wir beginnen genau wie beim vorherigen Hiragana う, mit einem kurzen schrägen Strich oben in der Mitte. Für den zweiten Strich stellen Sie sich vor, dass Sie die Zahl 7 schreiben und dann ein wenig nach oben ziehen, bevor Sie eine kleine Welle zeichnen. Verlängern Sie diesen Strich, aber schnippen Sie den Stift nicht von der Seite.

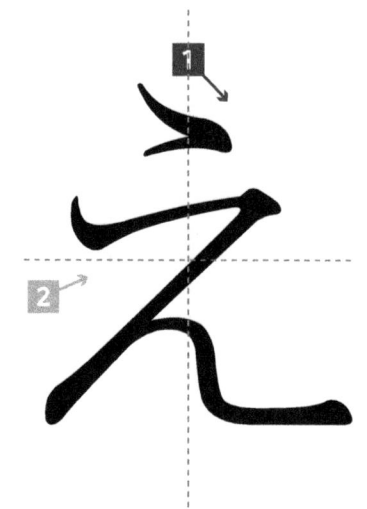

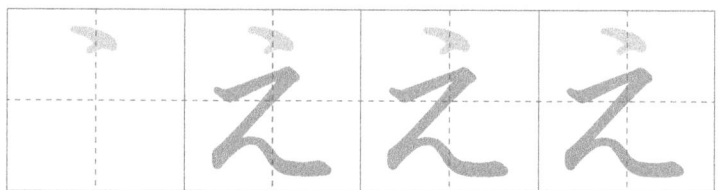

SCHREIBEN Zeichnen Sie zunächst die Formen in den großen Zellen unten nach.

ÜBEN Üben Sie nun das Zeichnen dieser Figur in diesen kleineren Zellen.

お お o

SPRECHEN Wird ausgesprochen wie das "o" in "oben".

LERNEN Gezeichnet mit drei Strichen; stop, fade, stop.

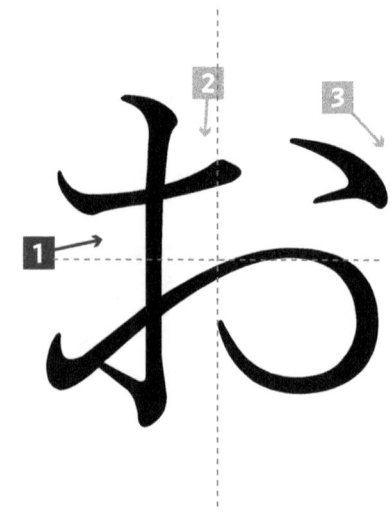

Beginnen Sie mit einem kurzen waagerechten Strich, genau wie bei あ, aber etwas tiefer und nach links. Der zweite Strich halbiert den ersten mit einer vertikalen Linie, die unten scharf nach links abknickt. Dann dreht er sich wieder, um einen großen Bogen zu erzeugen, bevor er am Ende den Stift abschnippt. Der dritte kleine Strich setzt oben rechts an den ersten Strich an.

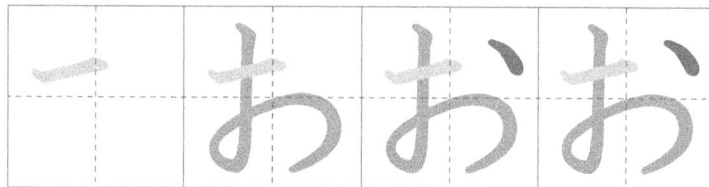

SCHREIBEN Zeichnen Sie zunächst die Formen in den großen Zellen unten nach.

ÜBEN Üben Sie nun das Zeichnen dieser Figur in diesen kleineren Zellen.

か か **ka**

SPRECHEN Wird wie "Ka" ausgesprochen, wie in "Kaffee".

LERNEN Gezeichnet mit drei Strichen; Sprung, Stopp, Stopp.

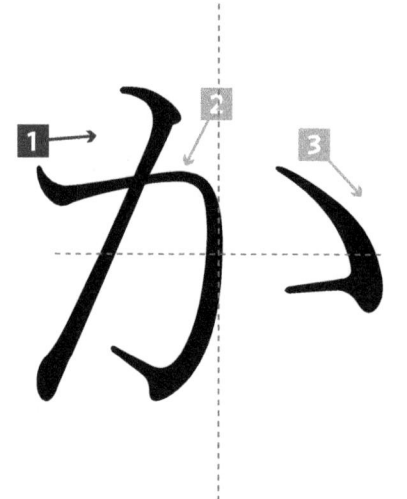

Beginnen Sie mit einem horizontalen Strich, bevor Sie senkrecht nach unten drehen und nach links zurückbiegen - enden Sie mit einer Hane. Der zweite Strich kreuzt den ersten, von der oberen Mitte nach links unten. Der letzte Strich ist eine schräge Kurve, die nach rechts übergeht. Es ist wichtig, dass dieser Strich länger ist als die kleinen Striche im vorherigen Kana, damit er nicht als Modifikator gelesen wird.

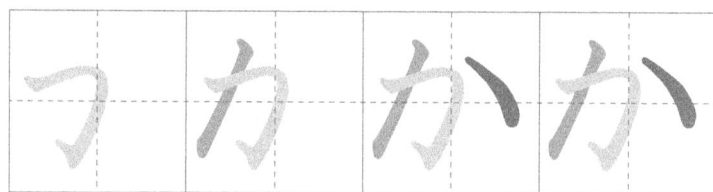

SCHREIBEN Zeichnen Sie zunächst die Formen in den großen Zellen unten nach.

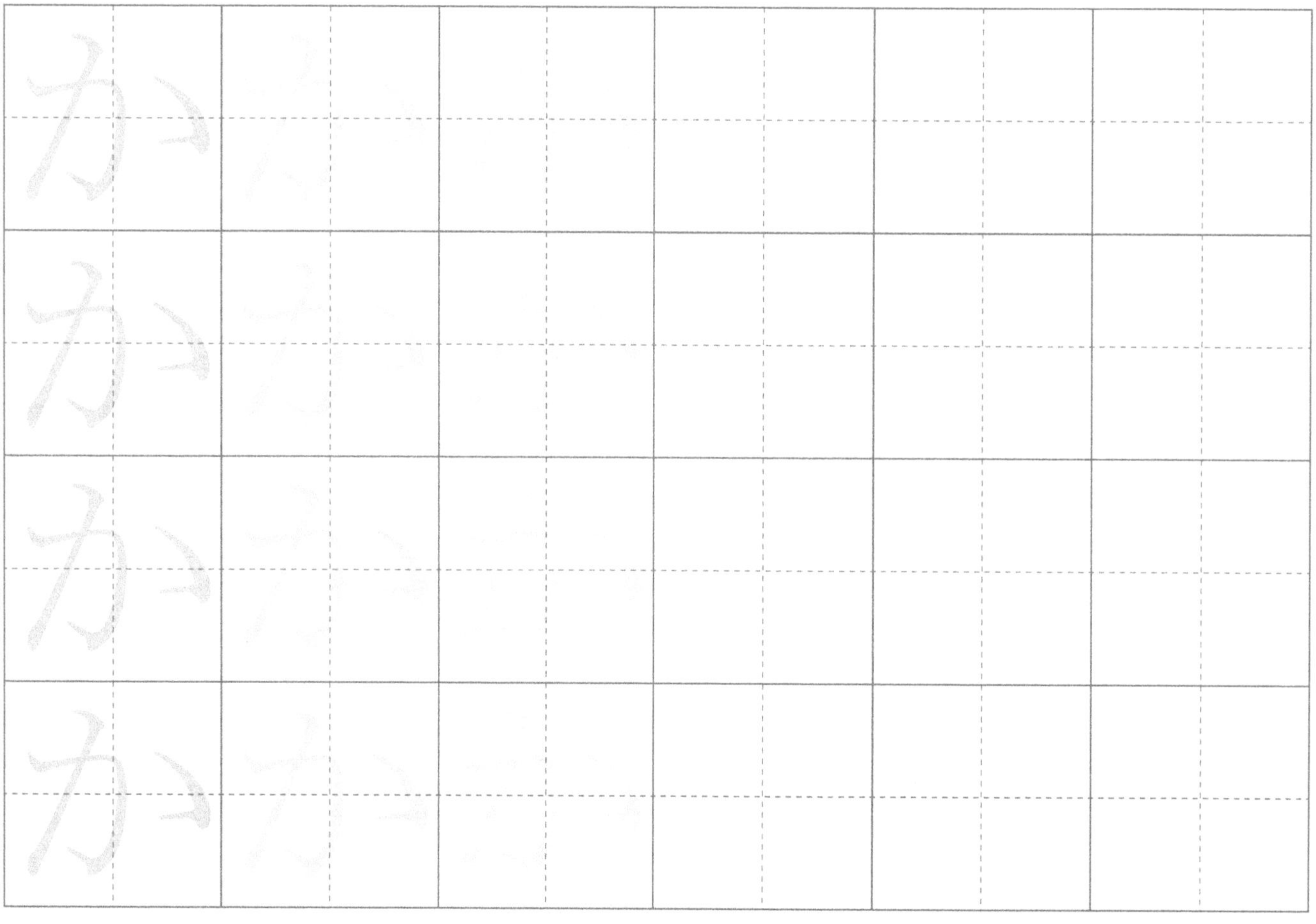

ÜBEN Üben Sie nun das Zeichnen dieser Figur in diesen kleineren Zellen.

き　き　ki

SPRECHEN　Wird ausgesprochen wie das "Ki" in "Kiste".

LERNEN　Vier Striche; Anschlag, Anschlag, Sprungblende, Anschlag.

Ihre ersten beiden Striche sind parallele Linien, von links nach rechts und in einem leichten Winkel. Strich drei durchschneidet die ersten beiden und endet mit einer Hane. Zeichnen Sie Ihre Hane nach oben, um die vierte Markierung zu setzen. Zeichnen Sie die letzte gebogene Stoppmarke nach rechts herum. In manchen Schriften sieht man diese Markierungen oft miteinander verbunden, wie in der kleinen Abbildung links gezeigt, aber dies ist die richtige Art, dieses Zeichen zu zeichnen.

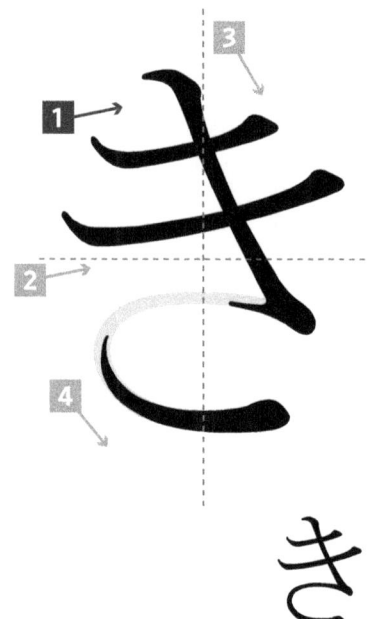

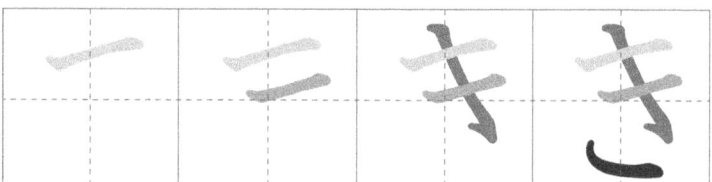

SCHREIBEN　　　　Zeichnen Sie zunächst die Formen in den großen Zellen unten nach.

ÜBEN Üben Sie nun das Zeichnen dieser Figur in diesen kleineren Zellen.

27

 **ku**

SPRECHEN Ausgesprochen wie "Kuh".

LERNEN Mit einem Strich gezeichnet; einem Stopp.

Dieses Einzelstrichzeichen wird ähnlich wie eine öffnende spitze Klammer gezeichnet, jedoch mit einer leichten Biegung nach innen. Versuchen Sie, darauf zu achten, dass der Start- und Endpunkt vertikal ausgerichtet sind, um ein ordentliches, ausgewogenes Zeichen zu erzeugen.

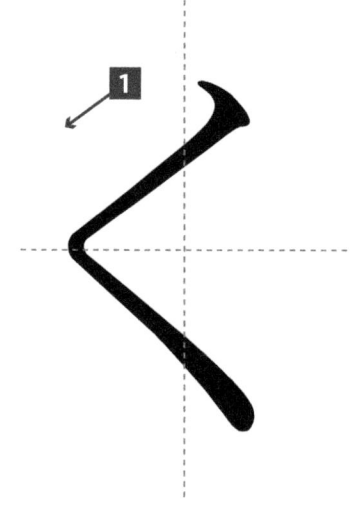

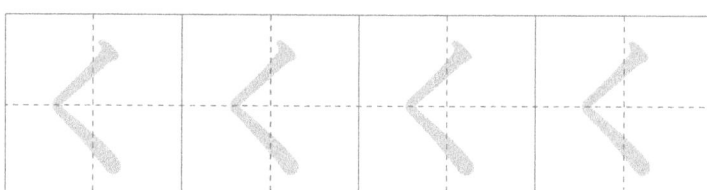

SCHREIBEN Zeichnen Sie zunächst die Formen in den großen Zellen unten nach.

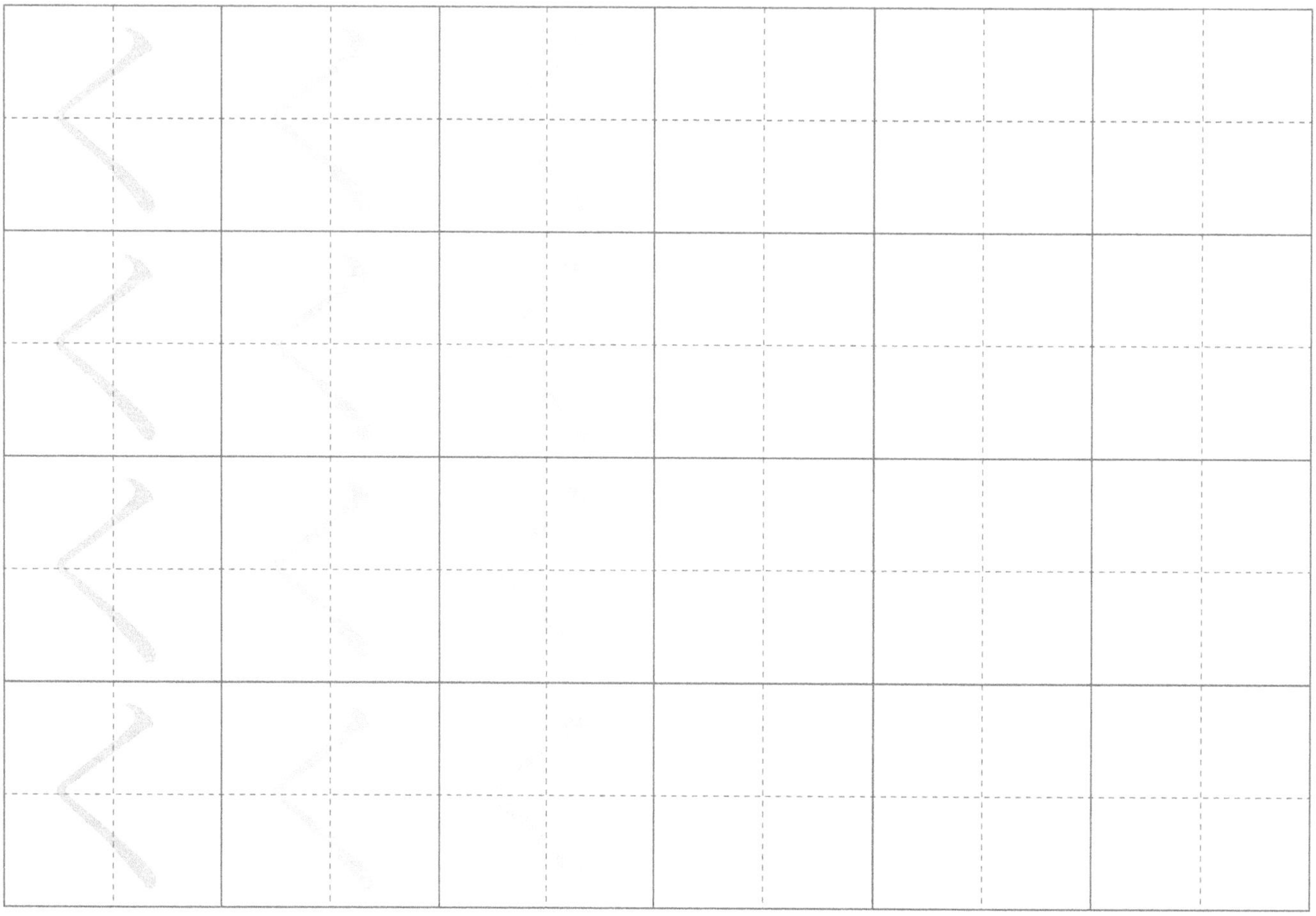

ÜBEN Üben Sie nun das Zeichnen dieser Figur in diesen kleineren Zellen.

け け **ke**

SPRECHEN Ausgesprochen wie das "ke" in "Keller".

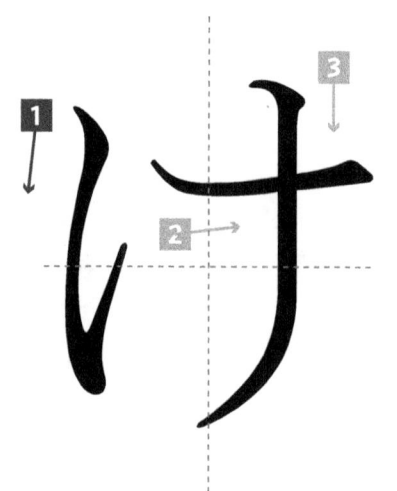

LERNEN Drei Zeilen; Sprungüberblendung, Stopp Überblendung.

Zeichnen Sie den ersten Strich abwärts mit einer leichten Kurve nach außen und endend mit einer Hane. Die zweite Markierung erfolgt als Fortsetzung der Hane, mit einer kurzen Linie von links nach rechts. Der letzte Strich ist wieder eine senkrechte Linie nach unten, diesmal mit einer Kurve nach links. Er beginnt ein wenig höher als höher als zuvor und endet auch tiefer. Beenden Sie diesen Strich mit einem Schnipsen des Stifts.

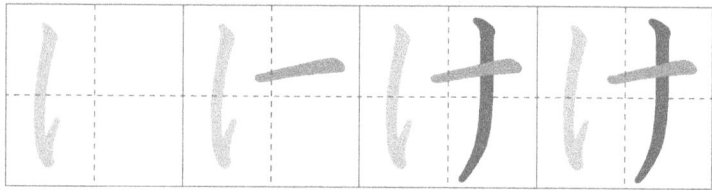

SCHREIBEN Zeichnen Sie zunächst die Formen in den großen Zellen unten nach.

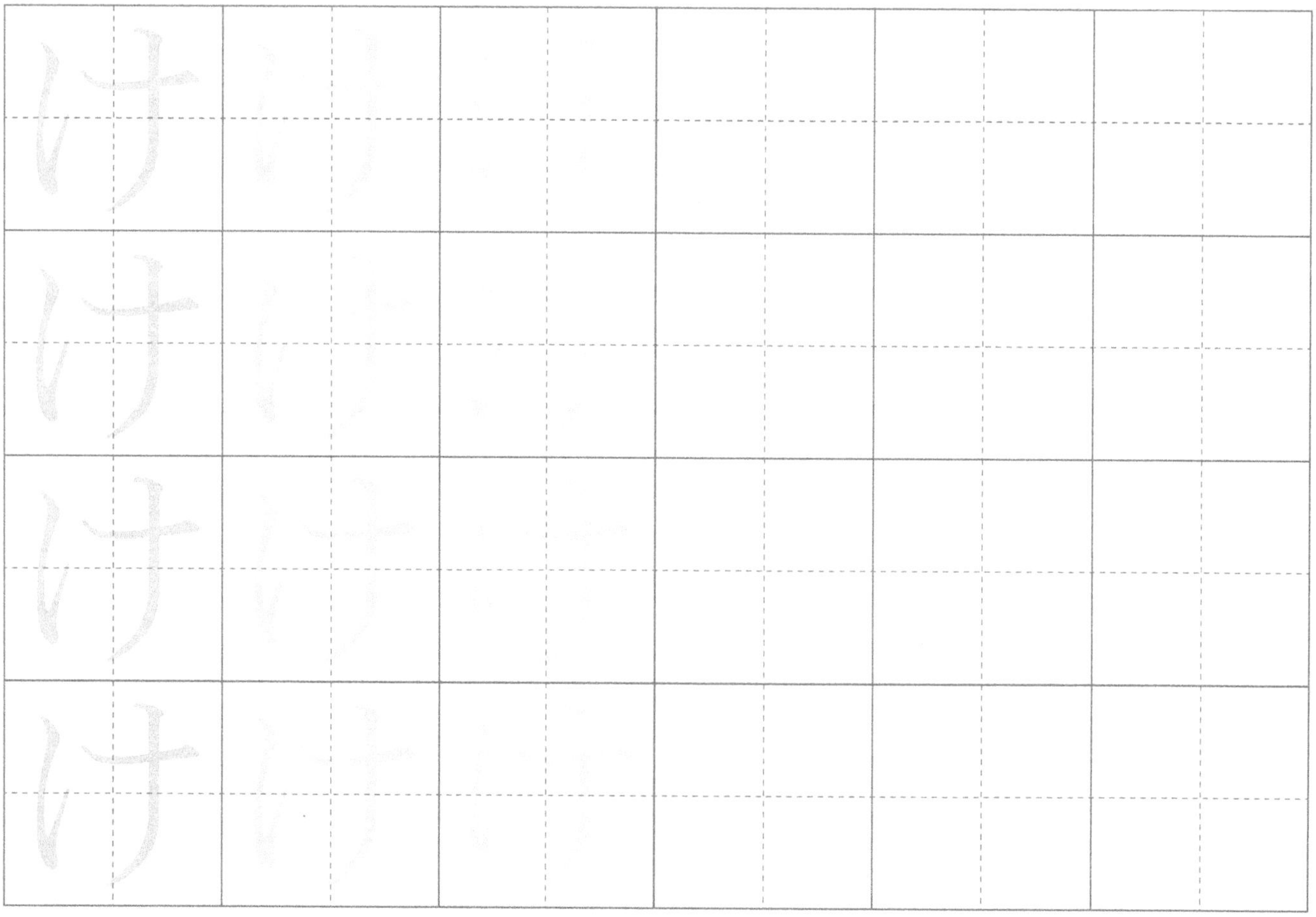

ÜBEN Üben Sie nun das Zeichnen dieser Figur in diesen kleineren Zellen.

こ こ **ko**

SPRECHEN Ausgesprochen "ko" wie in "Disko".

LERNEN Mit zwei Strichen gezeichnet; ein Sprung und ein Stopp.

Zeichnen Sie dieses Kana mit zwei Strichen, die nach innen gebogen sind und sich fast zu einer großen Schleife verbinden. Die erste Markierung ist eine gebogene horizontale Linie, die mit einem Hane endet. Der zweite Strich beginnt weiter unten und nach links. Die Striche sollten so aussehen, als würden sie sich fast zu einer geschlossene Kreisform.

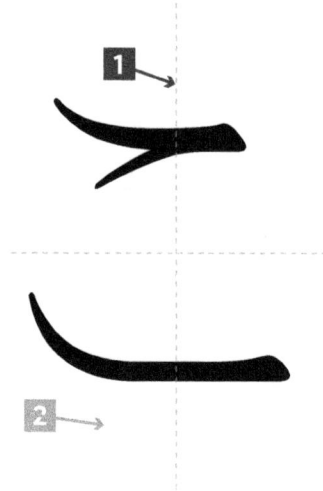

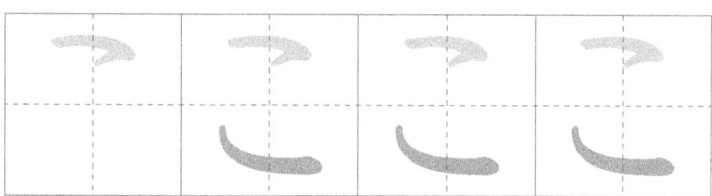

SCHREIBEN Zeichnen Sie zunächst die Formen in den großen Zellen unten nach.

ÜBEN Üben Sie nun das Zeichnen dieser Figur in diesen kleineren Zellen.

| さ | さ | **sa** | SPRECHEN | Wird wie das "ßa" ausgesprochen, wie in "großartig". |

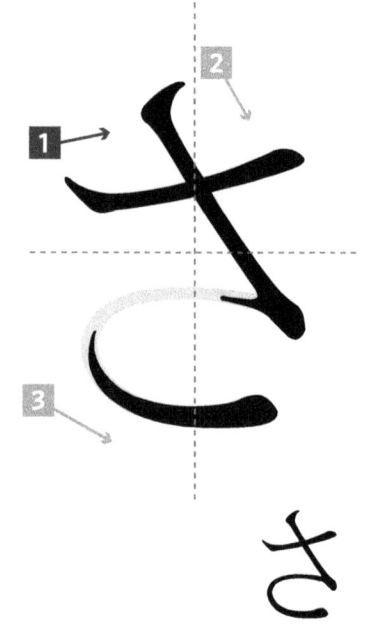

LERNEN Gezeichnet mit drei Strichen; Stopp, Sprung, Stopp

Wird ähnlich geschrieben wie き, jedoch ohne den ersten kurzen Strich. Beginnen Sie mit dem schrägen waagerechten Strich von links nach rechts. Ihr zweiter Strich durchschneidet diese Markierung und endet mit einer Hane. Die dritte Markierung entsteht, indem Sie den Stift nach dem Hane leicht absetzen und zurückbiegen. Dieses Kana wird oft als verbunden dargestellt, aber die richtige Methode ist, den Stift anzuheben.

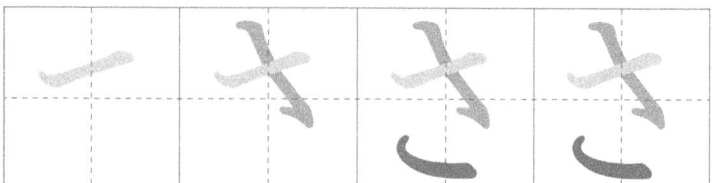

SCHREIBEN Zeichnen Sie zunächst die Formen in den großen Zellen unten nach.

34

ÜBEN Üben Sie nun das Zeichnen dieser Figur in diesen kleineren Zellen.

35

し　し　shi

SPRECHEN Ausgesprochen "schie" wie in "schieben".

LERNEN Zeichnen Sie dieses Kana mit einem einzigen Strich; eine gebürstete Überblendung.

Dieses Kana wird mit nur einem Strich geschrieben. Es beginnt als senkrechte Linie von oben nach unten, bevor es nach rechts und nach oben gebogen wird. Schnippen Sie Ihren Stift am Ende von der Seite.

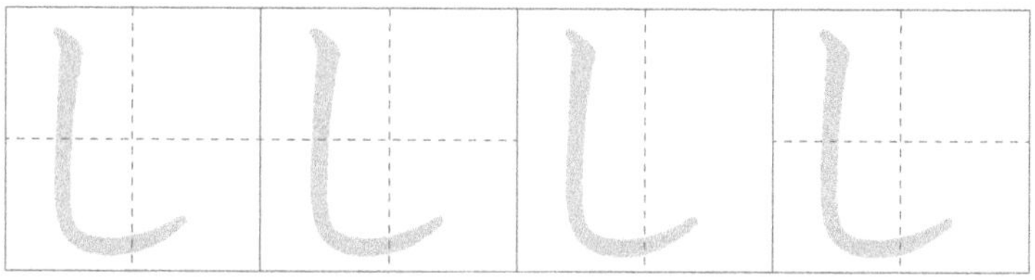

SCHREIBEN Zeichnen Sie zunächst die Formen in den großen Zellen unten nach.

ÜBEN Üben Sie nun das Zeichnen dieser Figur in diesen kleineren Zellen.

す　す　su

SPRECHEN   Ausgesprochen "su" wie in "super".

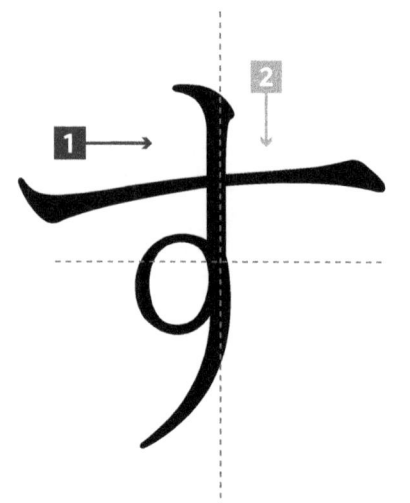

LERNEN   Zwei Striche; Einen Stopp und einen Fade in einer Schleife.

Beginnen Sie mit einer langen Linie, die von links nach rechts gezogen wird. Ihre zweite Markierung beginnt oben und wird durch die erste nach unten gezogen. Sie bildet dann direkt nach dem Schnittpunkt eine Schleife. Schließen Sie den Strich ab, indem Sie eine Kurve nach links unten ziehen und den Stift am Ende vom Papier schnippen, um den Strich auszublenden. Versuchen Sie, den ersten Strich leicht außermittig, nach rechts, durchzuschneiden.

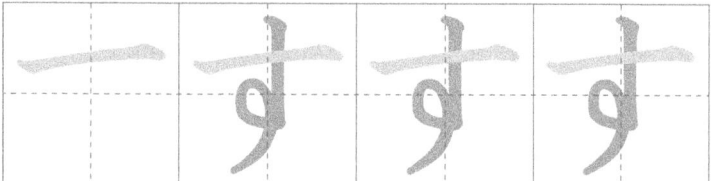

SCHREIBEN   Zeichnen Sie zunächst die Formen in den großen Zellen unten nach.

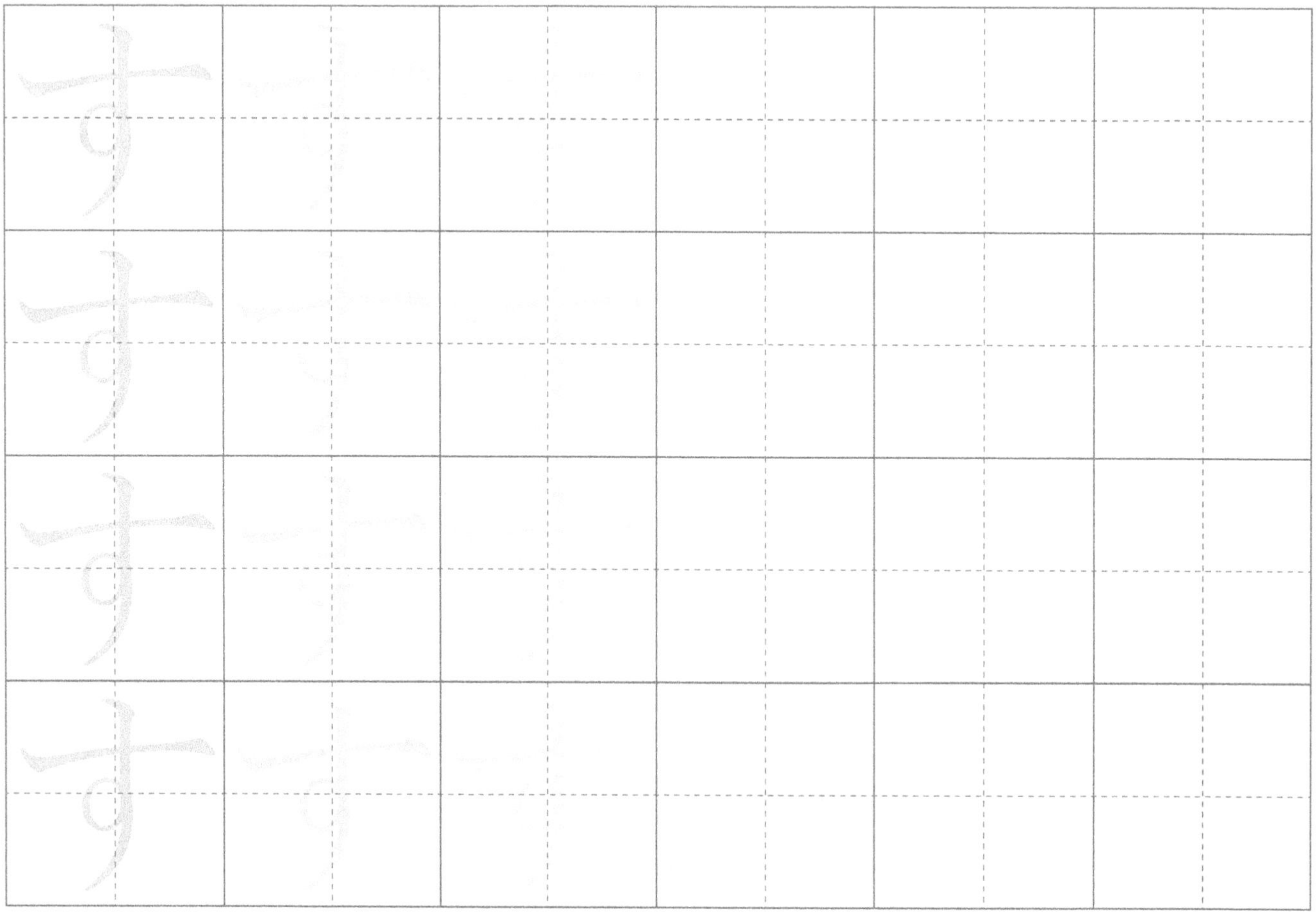

ÜBEN Üben Sie nun das Zeichnen dieser Figur in diesen kleineren Zellen.

せ せ **se**

SPRECHEN Wird ausgesprochen wie das "Sä" in "Säge".

LERNEN Gezeichnet mit drei Strichen; Stopp, Sprung, Stoppt

Beginnen Sie dieses Zeichen mit einem langen, horizontalen Strich von links nach rechts. Der zweite Strich ist ein kürzerer, senkrechter Strich nach rechts und endet mit einer Hane nach oben und links. Heben Sie den Stift an, aber halten Sie den Schwung in der gleichen Richtung, während Sie den dritten Strich ansetzen. Machen Sie einen senkrechten Strich nach unten und biegen Sie sich um und nach rechts. Schnippen Sie hier nicht mit dem Stift.

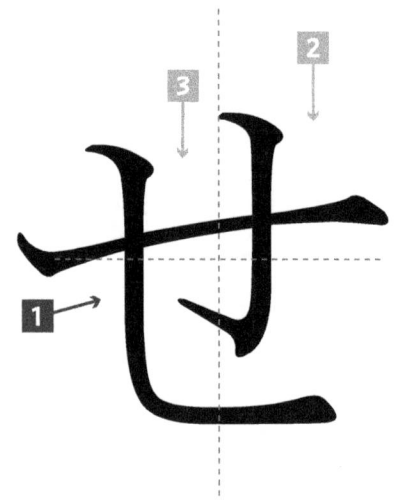

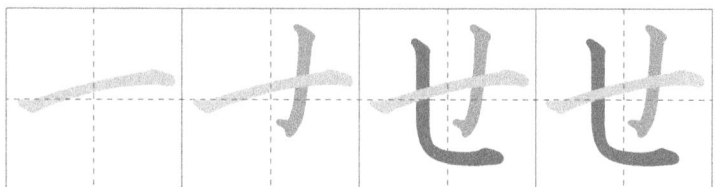

SCHREIBEN Zeichnen Sie zunächst die Formen in den großen Zellen unten nach.

ÜBEN Üben Sie nun das Zeichnen dieser Figur in diesen kleineren Zellen.

そ そ **SO**

SPRECHEN Wird ausgesprochen wie das "So" in "Soja".

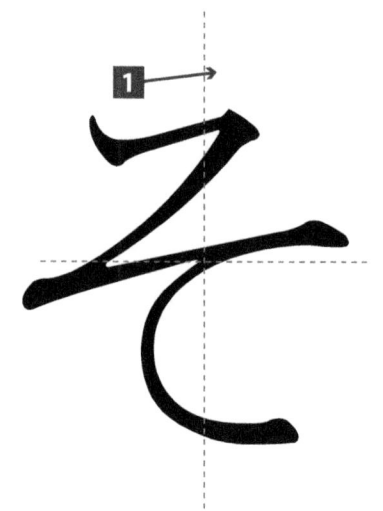

LERNEN Dieses Kana wird mit einem einzigen Zick-Zack-Strich erzeugt; Stopp.

Beginnen Sie mit der "Z"-Form in der oberen Hälfte, bevor Sie die "C"-Form darunter hinzufügen - heben Sie den Stift nicht von der Seite ab. Die "C"-Form sollte ohne eine Aufwärtsbewegung enden. Achten Sie darauf, dass Ihre mittlere horizontale Linie länger ist als die obere. In einigen Schriftarten wird dieses Zeichen als zwei Striche dargestellt, was jedoch selten vorkommt.

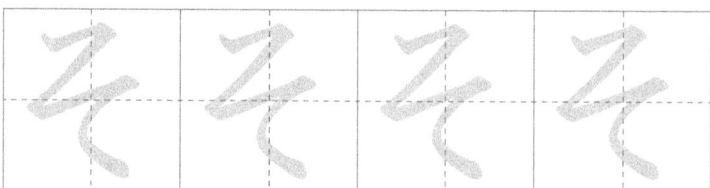

SCHREIBEN Zeichnen Sie zunächst die Formen in den großen Zellen unten nach.

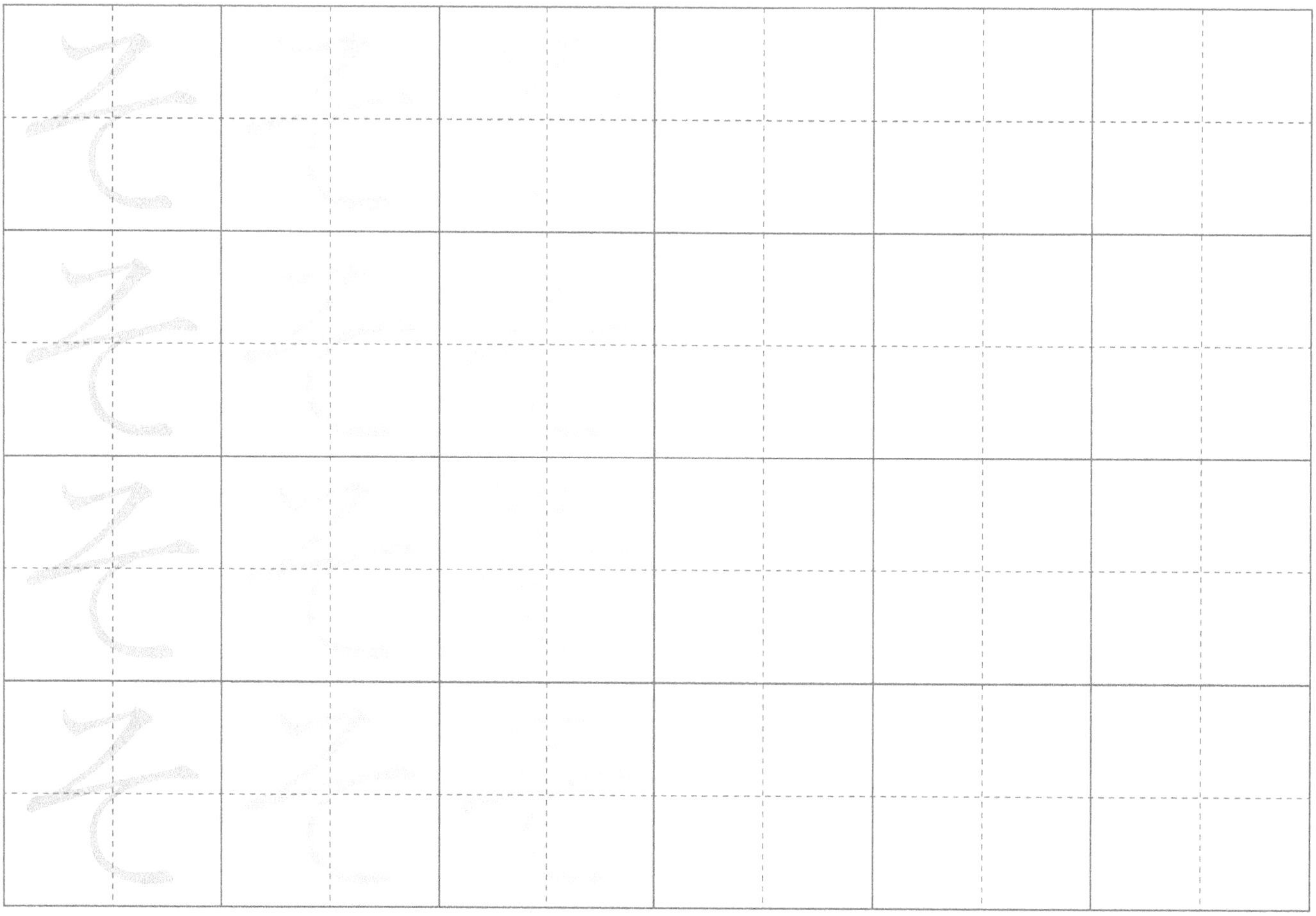

ÜBEN   Üben Sie nun das Zeichnen dieser Figur in diesen kleineren Zellen.

た た **ta**

SPRECHEN Wird wie das "Ta" in "Tag" ausgesprochen, aber kürzer.

LERNEN Mit vier Strichen gezeichnet; es sind allesamt Stopps.

Bilden Sie ein klein geschriebenes 't', wobei die vertikale Linie nach unten und links zeigt. Machen Sie dies in der linken Hälfte der Zelle, damit Platz für den nächsten Teil vorhanden ist. Ihr dritter Strich erzeugt eine kleine gebogene Markierung rechts von der T-Form und Strich vier wird darunter gemacht, mit einer entgegengesetzten Kurve zum vorherigen Strich. Die letzten beiden Striche sollten so aussehen, als würden sie sich fast zu einer Kreisform verbinden.

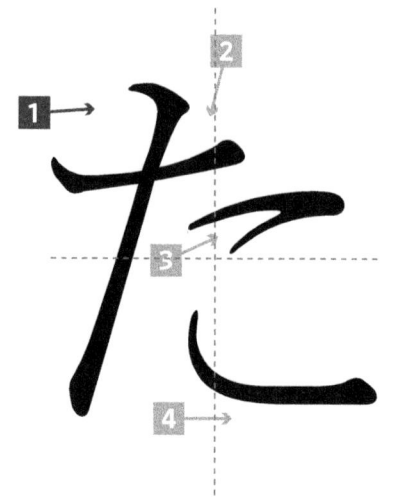

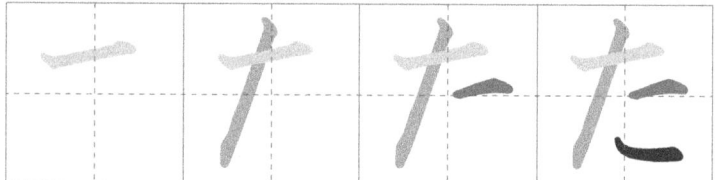

SCHREIBEN Zeichnen Sie zunächst die Formen in den großen Zellen unten nach.

ÜBEN   Üben Sie nun das Zeichnen dieser Figur in diesen kleineren Zellen.

45

ち ち chi

SPRECHEN — Wird genauso ausgesprochen wie das "Chi" in "Tai-Chi".

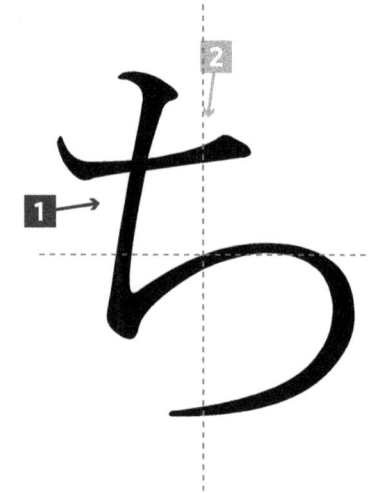

LERNEN — Dieses Kana wird mit zwei Strichen gezeichnet; stop, fade.

Wir schreiben dieses Zeichen als Spiegelbild von さ, aber es ist nicht nötig, den Stift anzuheben. Zeichnen Sie Ihren ersten Strich von links nach rechts, in einem leichten Winkel. Ihr zweiter Strich ist eine leicht diagonale Linie nach unten und nach links, die sich mit dem ersten schneidet. Wenn Sie sich dem Boden nähern, biegt er sich wieder nach oben und nach rechts, so dass er eine Kreisform bildet und mit einem Schnipsen von der Seite endet.

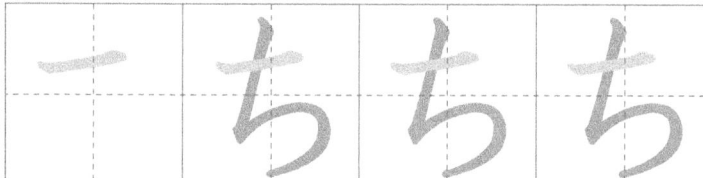

SCHREIBEN — Zeichnen Sie zunächst die Formen in den großen Zellen unten nach.

ÜBEN   Üben Sie nun das Zeichnen dieser Figur in diesen kleineren Zellen.

 **tsu**

SPRECHEN   Wird genauso ausgesprochen wie das "Tsu" in "Tsunami".

LERNEN   Wir schreiben dieses Kana mit einem einzigen Strich; fade.

Als eines der einfachsten Zeichen wird dieses Kana mit einem langen, schwungvollen Bogen erzeugt, der am Ende ausblendet. Erzeugen Sie die Überblendung, indem Sie Ihren Stift von der Seite wegschnippen, wenn Sie sich dem Ende des Bogens nähern.

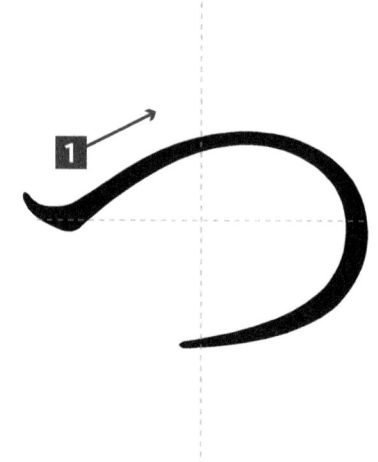

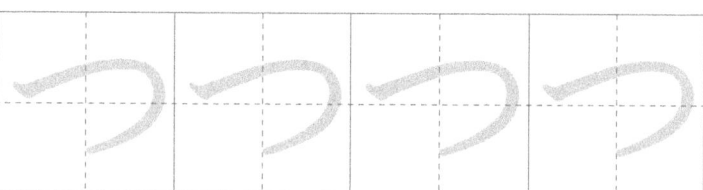

SCHREIBEN   Zeichnen Sie zunächst die Formen in den großen Zellen unten nach.

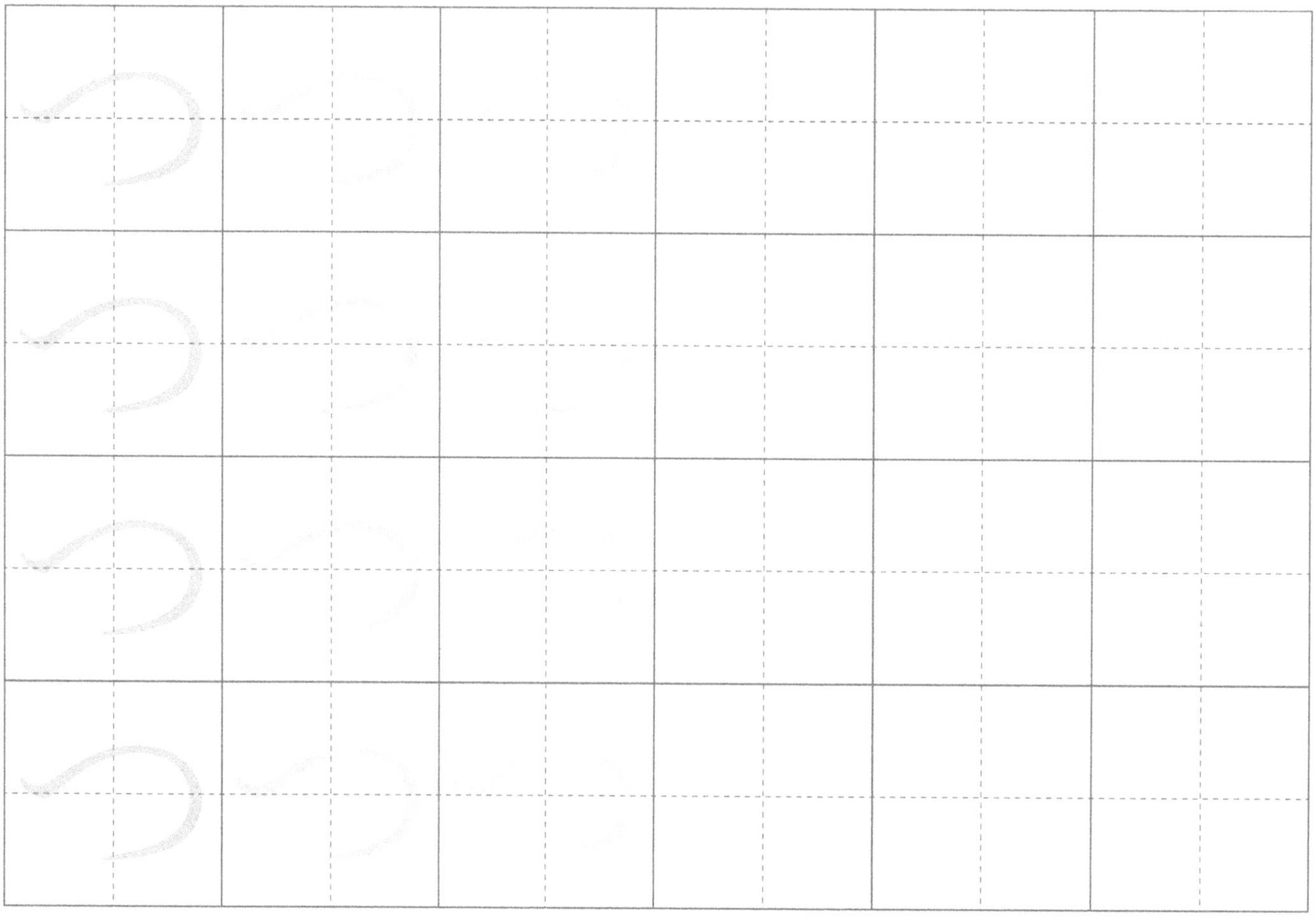

ÜBEN   Üben Sie nun das Zeichnen dieser Figur in diesen kleineren Zellen.

て て **te**

SPRECHEN Wird ausgesprochen wie das "The" in "Thema".

LERNEN Dieses Kana wird mit einem Strich gezeichnet; ein Stopp.

Ziehen Sie den Stift in einem Zug von links nach rechts in einem leichten Winkel nach oben, bevor Sie sich wieder nach links und unten bewegen. Halten Sie den Stift auf dem Papier, während Sie eine große geschwungene Kurve in Form eines "C" erzeugen. Da es sich um eine Stoppmarkierung handelt, sollten Sie den Stift nicht von der Seite wegschnippen.

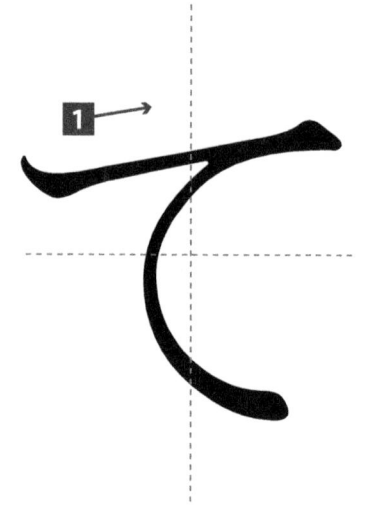

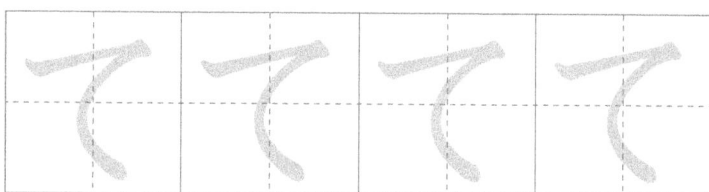

SCHREIBEN Zeichnen Sie zunächst die Formen in den großen Zellen unten nach.

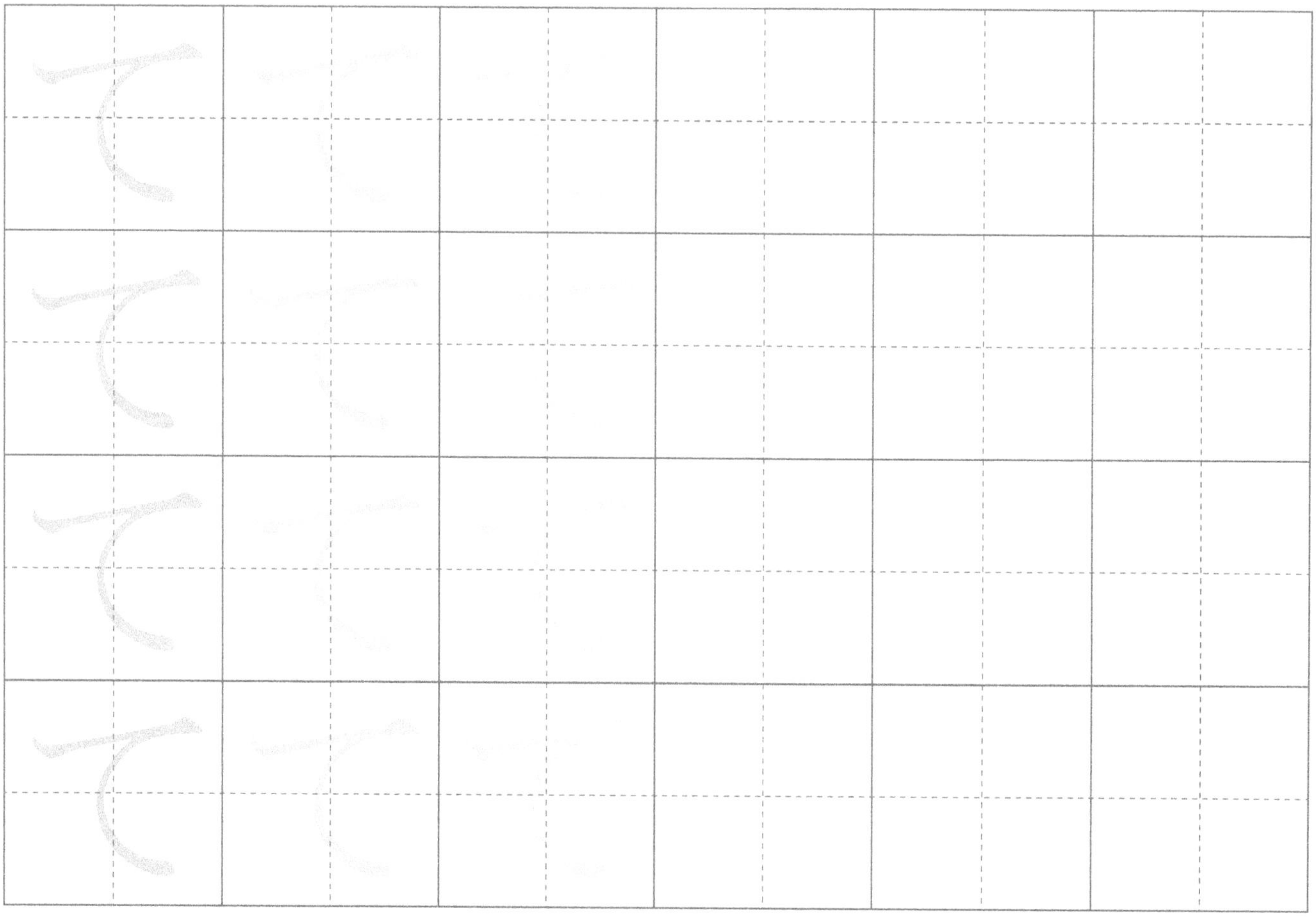

ÜBEN   Üben Sie nun das Zeichnen dieser Figur in diesen kleineren Zellen.

と と **to**

SPRECHEN　Wird ausgesprochen wie das "to" in "toll".

LERNEN　Dieses Kana wird mit zwei Strichen erzeugt; stop, stop.

Die erste Markierung ist eine kleine, leicht schräge Linie, die bis zur Mitte der Zelle gezogen wird. Ihr zweiter Strich ist eine große gebogene Linie, die in der Mitte auf das Ende des ersten Strichs trifft. Er biegt dann nach links außen und in Richtung der unteren rechten Seite der Zelle ab. Der Anfangs- und Endpunkt des zweiten Strichs sollte vertikal ausgerichtet sein. Ihr zweiter Strich sollte den ersten nicht kreuzen, sondern durch das Ende gehen.

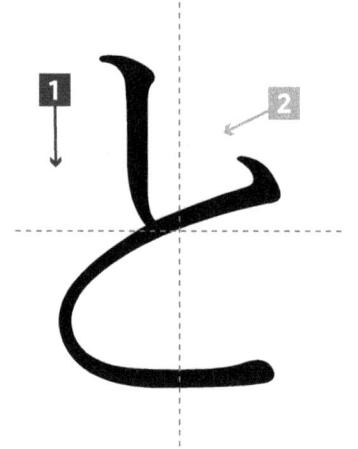

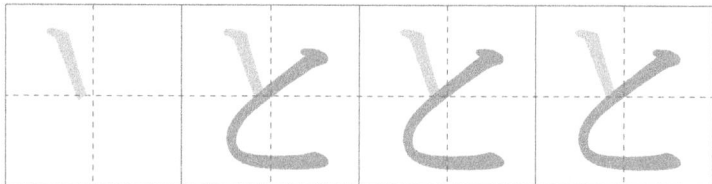

SCHREIBEN　Zeichnen Sie zunächst die Formen in den großen Zellen unten nach.

ÜBEN   Üben Sie nun das Zeichnen dieser Figur in diesen kleineren Zellen.

な な **na**

SPRECHEN | Wird ausgesprochen wie das "Na" in "Nacht".

LERNEN | Vier Striche: Stop, Stop, Sprung Fade und Stop.

Beginnen Sie mit einem kurzen, abgewinkelten horizontalen Strich auf der linken Seite. Ihre zweite Markierung ist ein längerer diagonaler Strich, der den ersten nach unten und links durchschneidet - machen Sie ihn nicht zu lang. Der dritte Strich wird als geschwungene Linie auf der rechten Seite ausgeführt und endet mit einer Hane. In dem Moment, in dem Sie den Stift anheben, beginnen Sie sofort den vierten Strich nach unten, bevor er eine Schleife über sich selbst macht.

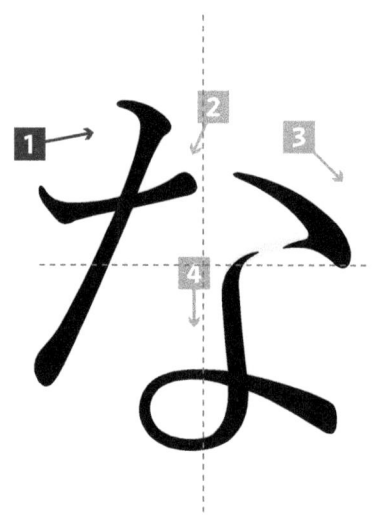

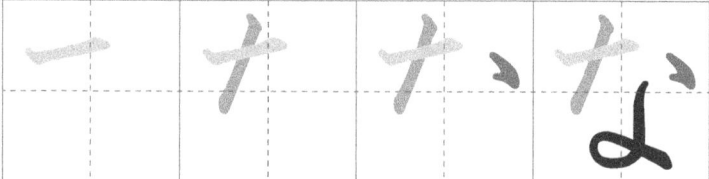

SCHREIBEN | Zeichnen Sie zunächst die Formen in den großen Zellen unten nach.

54

ÜBEN

Üben Sie nun das Zeichnen dieser Figur in diesen kleineren Zellen.

に に **ni**

SPRECHEN Wird ausgesprochen wie das "ni" in "niesen".

LERNEN Drei Striche; eine Sprungüberblendung und zwei Stopps.

Beginnen Sie, ähnlich wie bei den vorherigen Zeichen, mit einer vertikalen Linie nach unten auf der linken Seite und enden Sie mit einer Hane nach oben auf der rechten Seite. Ihre zweite Markierung ist fast eine Fortsetzung von der Hane und ist eine kleine gebogene horizontale Linie. Die letzte Markierung wird als Kurve in die entgegengesetzte Richtung ausgeführt, so dass sie fast einen Kreis bildet. Schnippen Sie Ihren Stift hier nicht ab, da es sich um eine Stoppmarkierung handelt.

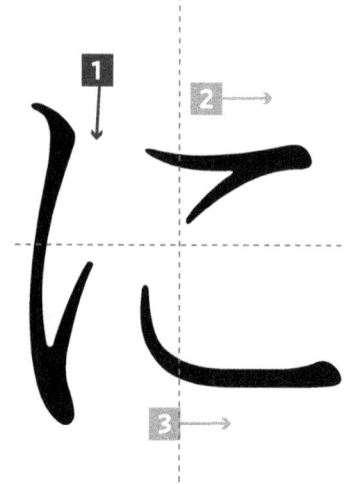

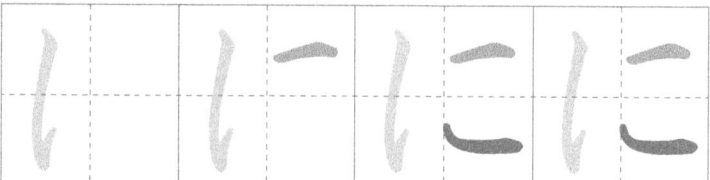

SCHREIBEN Zeichnen Sie zunächst die Formen in den großen Zellen unten nach.

ÜBEN Üben Sie nun das Zeichnen dieser Figur in diesen kleineren Zellen.

ぬ ぬ **nu**

SPRECHEN Ausgesprochen wie das "Nu" in "Nudeln", aber kurz.

LERNEN Einem Anschlag und einem langen Schleifenanschlag.

Beginnen Sie damit, eine leicht gebogene Linie in einem Winkel zu zeichnen. Ihre zweite Markierung beginnt auf einer ähnlichen Höhe, biegt sich aber zurück zur ersten. Sie macht dann eine Schleife nach oben und zurück nach rechts. Wenn sich Ihr Stift der unteren rechten Seite der Zelle nähert, machen Sie eine Schleife nach rechts. Achten Sie darauf, dass die Abstände zwischen den Linien im Beispiel übereinstimmen, damit Ihr Zeichen gut ausbalanciert ist.

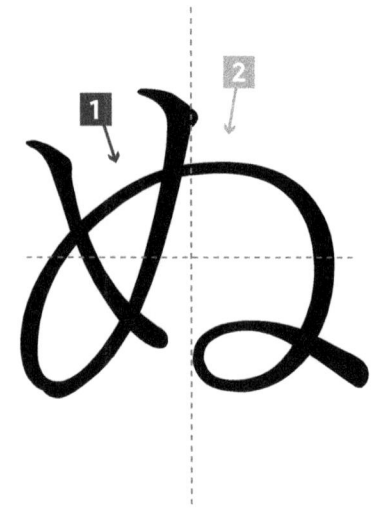

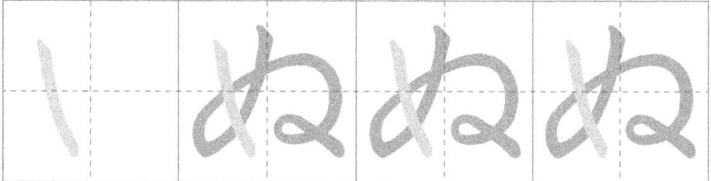

SCHREIBEN Zeichnen Sie zunächst die Formen in den großen Zellen unten nach.

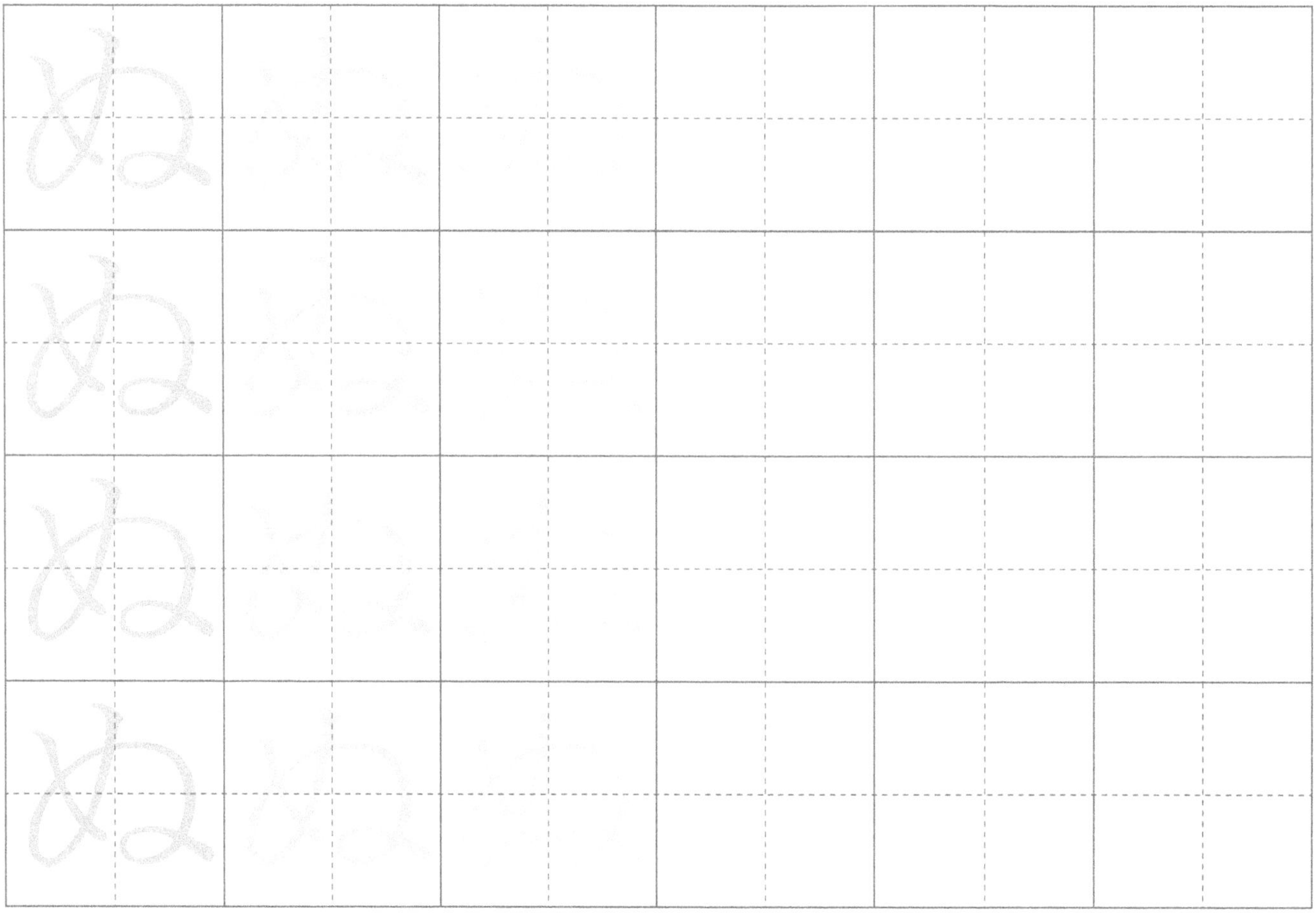

ÜBEN

Üben Sie nun das Zeichnen dieser Figur in diesen kleineren Zellen.
Now practice in these sets of smaller cells

ね ね **ne**

SPRECHEN Ausgesprochen wie das "Ne" in "Nest".

LERNEN Gezeichnet mit zwei Striche; Stopp, langer Stopp.

Zeichnen Sie die vertikale Linie von oben nach unten. Beginnen Sie den zweiten Strich mit einer kurzen horizontalen Linie, die über die erste geht, bevor Sie den Stift nach unten zur linken Seite bewegen. Ohne den Stift von der Seite zu nehmen, kehrt der zweite Strich nach oben zurück und fährt fort, einen großen Bogen zu erzeugen. Wenn Sie sich der unteren rechten Seite nähern, machen Sie eine kleine Schleife zurück nach rechts, um das Zeichen zu vollenden.

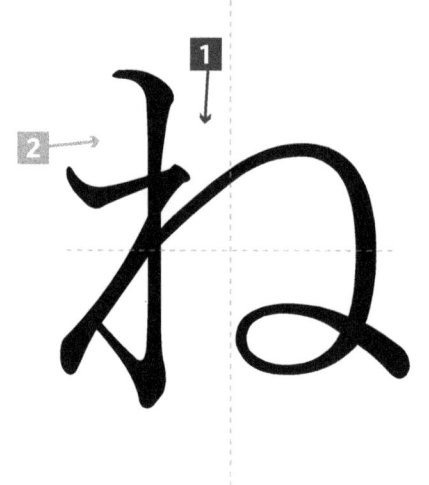

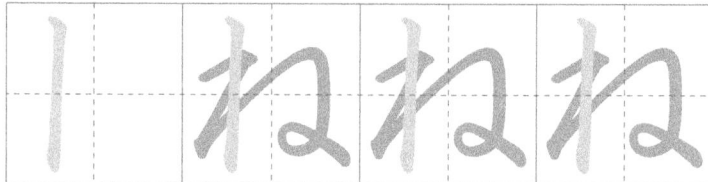

SCHREIBEN Zeichnen Sie zunächst die Formen in den großen Zellen unten nach.

ÜBEN Üben Sie nun das Zeichnen dieser Figur in diesen kleineren Zellen.

61

の の **no**

SPRECHEN | Wird wie das "No" in "Nordpol" augesprochen.

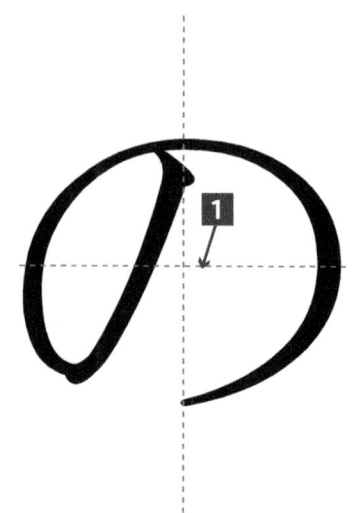

LERNEN | Mit einem Strich Geschrieben; eine lange Überblendung

Ausgehend vom oberen mittleren Teil der Zelle ziehen Sie Ihren Stift nach unten und diagonal nach links. Vom unteren Ende dieser Linie aus bewegen Sie Ihren Stift in einer großen kreisförmigen Bewegung nach oben und über den Punkt, von dem aus Sie gestartet sind, nach rechts. Achten Sie beim Durchfahren Ihres Startpunktes darauf, dass Sie Ihren Bogen nicht zu tief zeichnen und die vertikale Linie darüber hinausragen lassen. Bringen Sie den Bogen herum und schnippen Sie Ihren Stift.

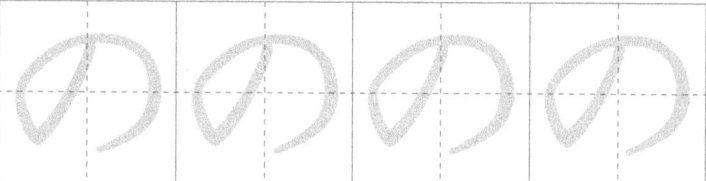

SCHREIBEN | Zeichnen Sie zunächst die Formen in den großen Zellen unten nach.

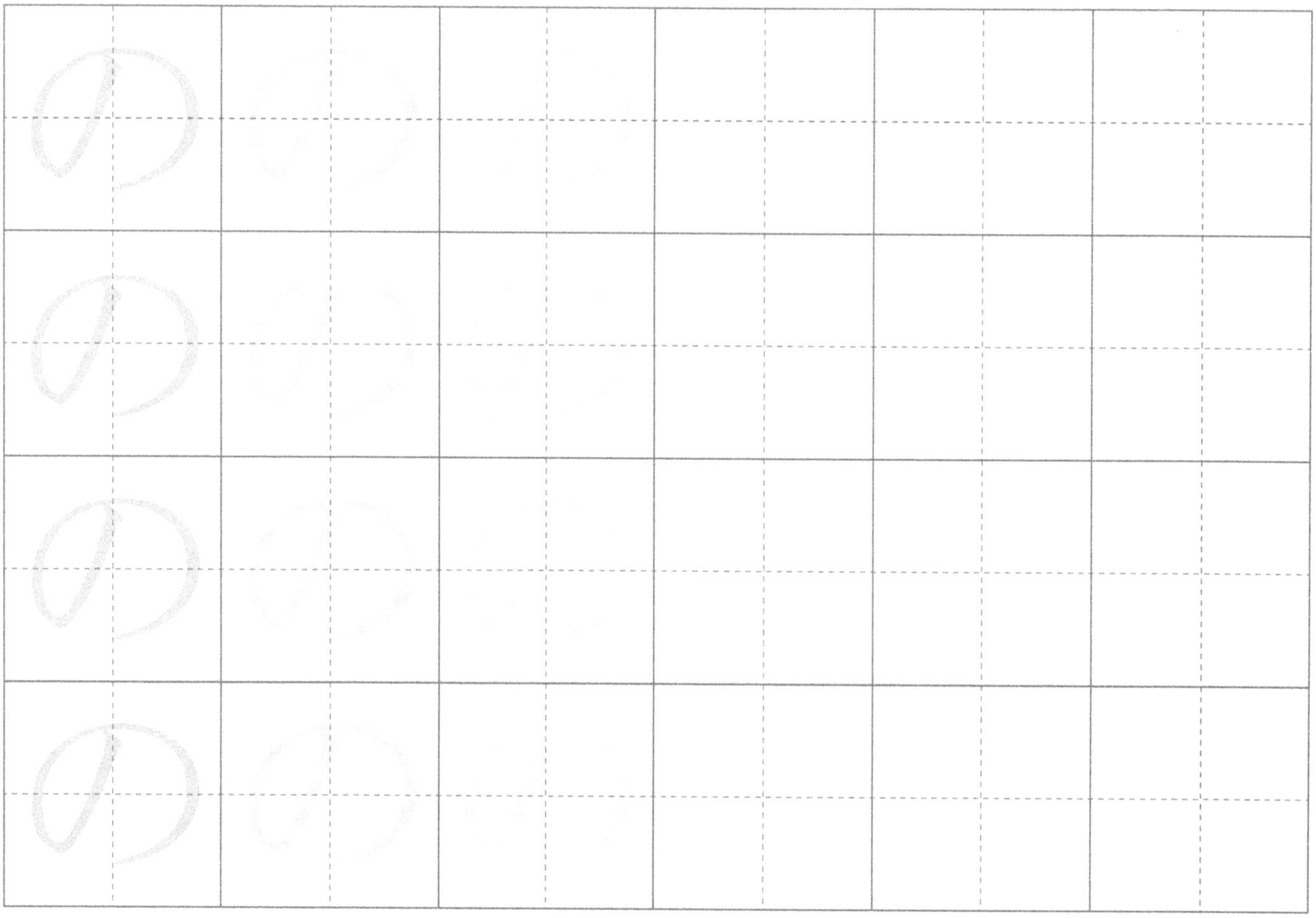

ÜBEN Üben Sie nun das Zeichnen dieser Figur in diesen kleineren Zellen.

63

は は **ha**

SPRECHEN Wird wie das "ha" in "hallo" ausgesprochen.

LERNEN Zeichnen Sie dieses Kana mit drei Strichen; Sprung, Stopp, Schleifenstopp.

Ihre ersten beiden Striche sind ähnlich wie bei Hiragana け, mit einem geschwungenen vertikalen Strich, der in einem Hane endet. Der zweite Strich ist ein kürzerer horizontaler Strich nach rechts. Ihr dritter Strich geht durch den zweiten hindurch, wird senkrecht nach unten gezogen und endet mit einer kleinen Schleife über sich selbst nach rechts.

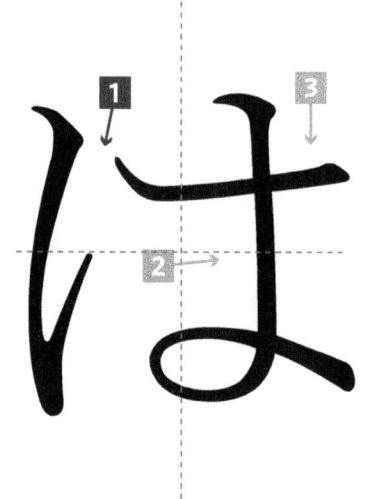

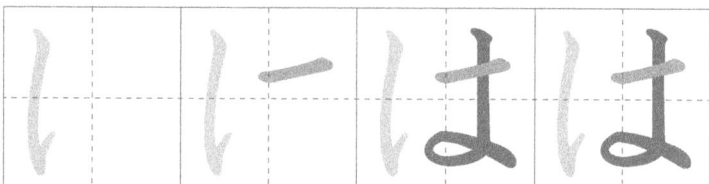

SCHREIBEN Zeichnen Sie zunächst die Formen in den großen Zellen unten nach.

ÜBEN Üben Sie nun das Zeichnen dieser Figur in diesen kleineren Zellen.

65

ひ ひ hi

SPRECHEN Ausgesprochen wie das "Hy" in "Hymne".

LERNEN Gezeichnet mit einem Strich; ein schwungvoller Anschlag.

Beginnen Sie mit einer kurzen, leicht abgewinkelten Linie nach oben, bevor Sie wieder ein wenig nach links zurückgehen. Halten Sie den Stift auf der Seite, während Sie eine große geschwungene Kurve in U-Form um die untere Hälfte der Zelle ziehen. Wenn Sie wieder in der Nähe des oberen Bereichs sind, fahren Sie, ohne den Stift zu heben, ein Stück zurück und dann mit einer gekrümmten Linie nach rechts weg bis zum Anschlag. Schnippen Sie Ihren Stift hier nicht vom Papier.

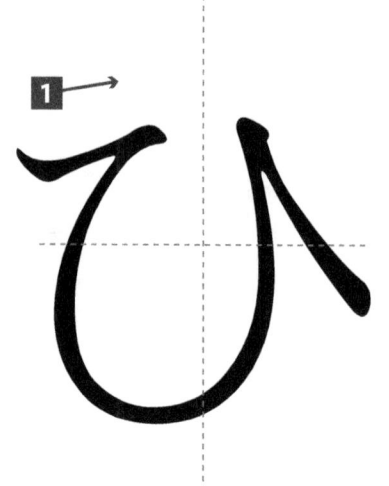

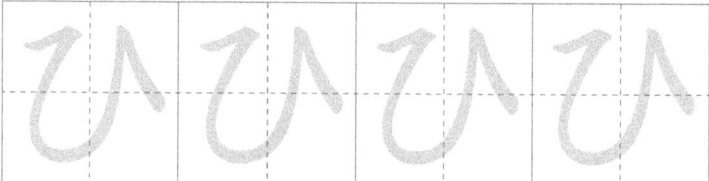

SCHREIBEN Zeichnen Sie zunächst die Formen in den großen Zellen unten nach.

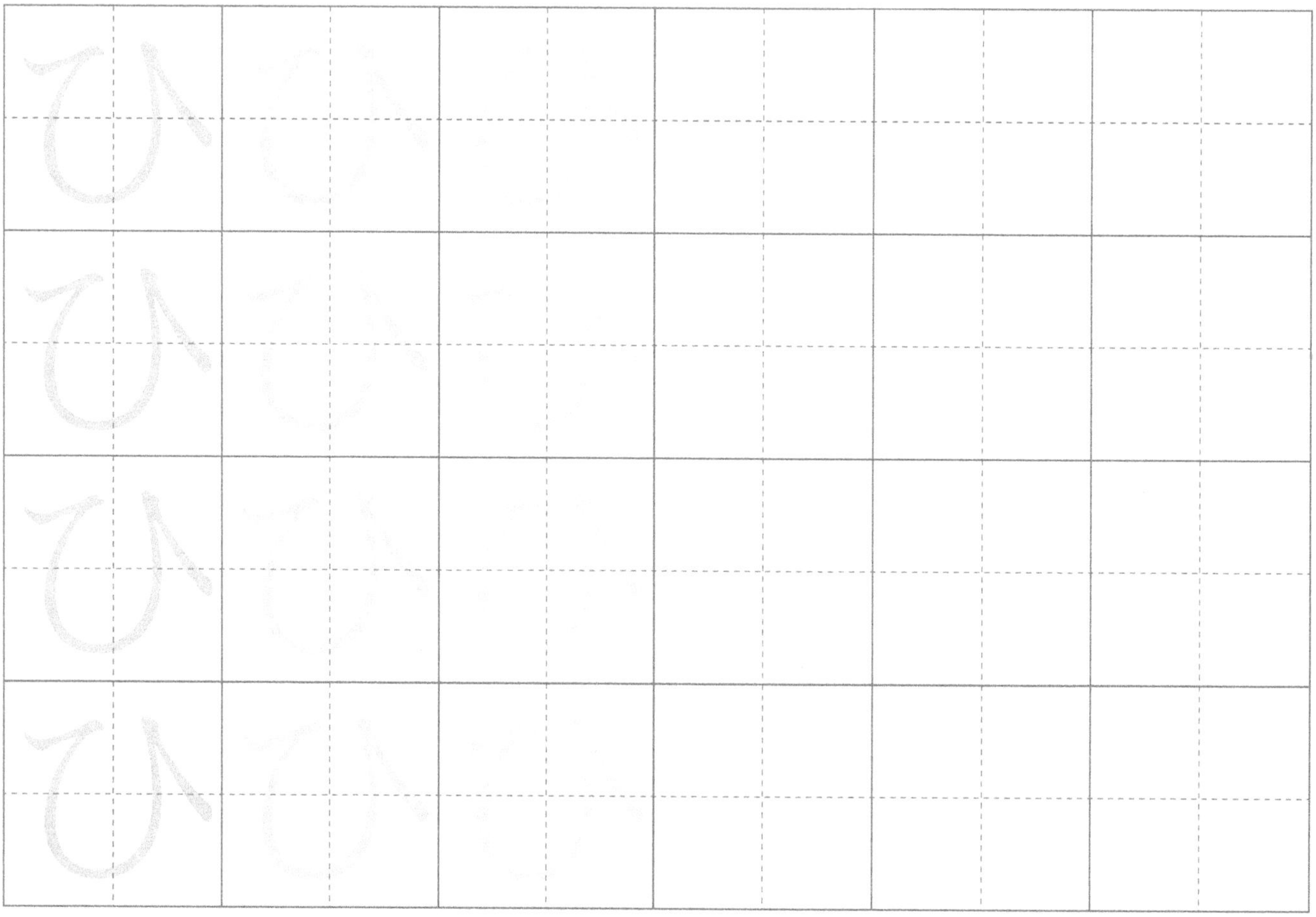

66

ÜBEN

Üben Sie nun das Zeichnen dieser Figur in diesen kleineren Zellen.

ふ ふ **fu**

SPRECHEN Ausgesprochen wie das "Fu" in "Fuji".

LERNEN Vier Striche; Sprung Fade, Sprung, Stop und Stop.

Beginnen Sie mit einem kurzen Schrägstrich, der oben in der Mitte mit einer Hane endet. Ihr zweiter Strich ist dann eine Art Nasenform, die mit einem Schnipsen in Richtung des Beginns von Strich drei beendet werden sollte. Dies ist wieder ein kurzer schräger Strich, der mit einer Hane endet, nach oben und nach rechts. Für den vierten Strich heben Sie den Stift nach rechts, wo Sie die letzte, kurze geschwungene Linie ziehen.

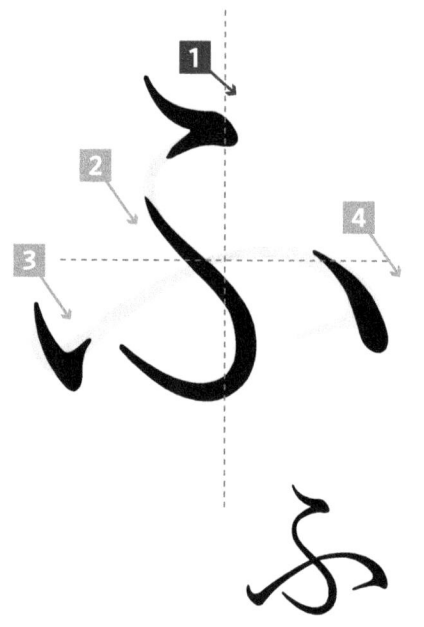

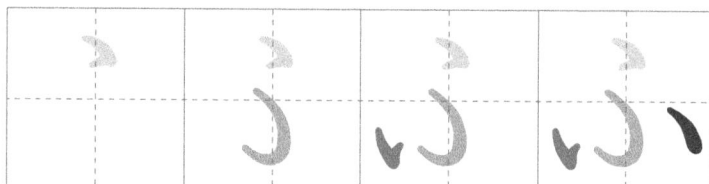

SCHREIBEN Zeichnen Sie zunächst die Formen in den großen Zellen unten nach.

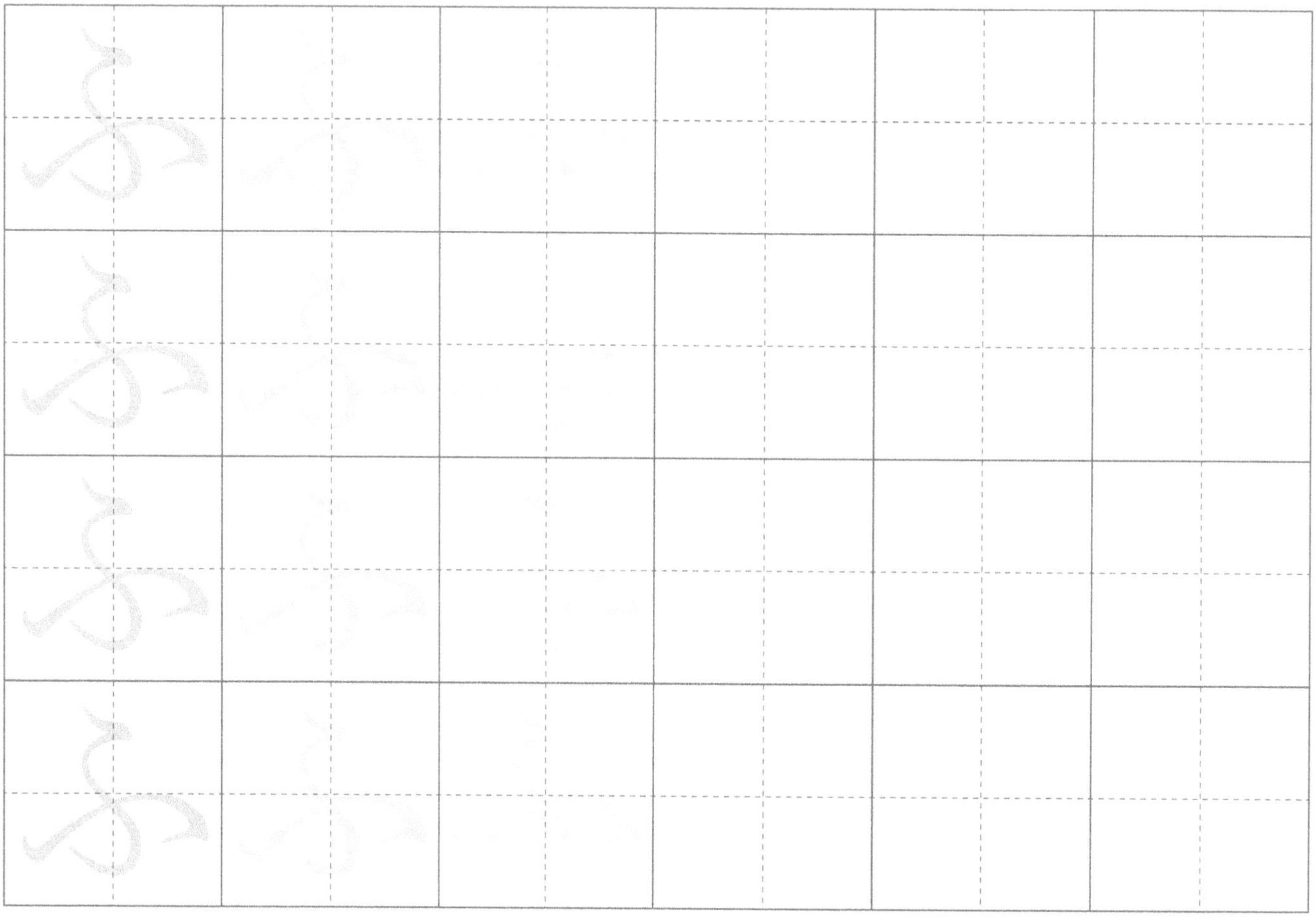

ÜBEN Üben Sie nun das Zeichnen dieser Figur in diesen kleineren Zellen.

 **he**

SPRECHEN | Wird wie das "He" in "Helga" ausgesprochen.

LERNEN | Dieses Kana wird mit einem Strich gebildet; einem Stopp.

Beginnen Sie in der Mitte auf der linken Seite der Zelle und ziehen Sie Ihren Stift ein kurzes Stück diagonal nach oben und rechts - aber nicht über die Mittellinie hinaus. Ohne den Stift anzuheben, ziehen Sie die längere diagonale Linie weiter nach unten und rechts. Die "Spitze" dieser umgekehrten "V"-Form sollte nicht in der Mitte liegen.

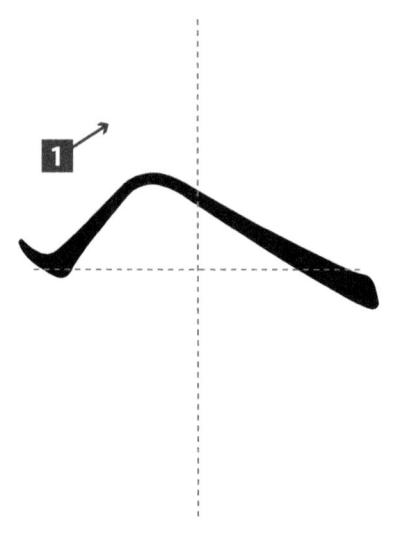

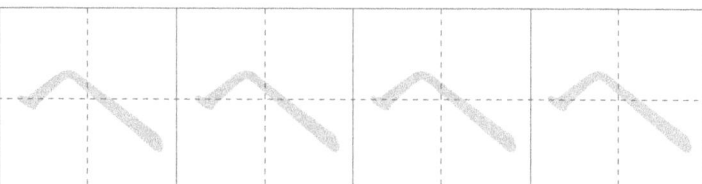

SCHREIBEN | Zeichnen Sie zunächst die Formen in den großen Zellen unten nach.

ÜBEN Üben Sie nun das Zeichnen dieser Figur in diesen kleineren Zellen.

ほ ほ **ho**

SPRECHEN Ausgesprochen wie das "Ho" in "Hochzeit".

LERNEN Vier Striche; Sprung-Fade, Stop, Stop, Loop-Stop.

Beginnen Sie wie bei den ersten Strichen von は, に und け mit einer geschwungenen senkrechten Linie, die mit einer Hane endet. Sowohl der zweite als auch der dritte Strich sind kurze parallele Linien oben rechts. Ihre letzte Markierung sollte auf dem zweiten Strich beginnen - achten Sie darauf, dass Sie nicht oberhalb davon beginnen. Bewegen Sie Ihren Stift nach unten, durch den dritten Strich, und enden Sie mit einer Schleife zurück über Ihre Linie nach rechts.

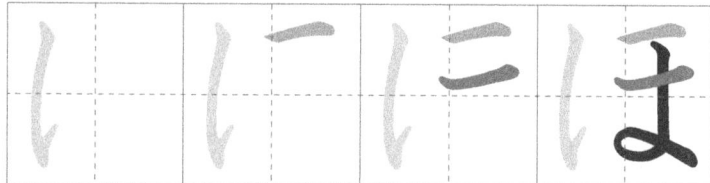

SCHREIBEN Zeichnen Sie zunächst die Formen in den großen Zellen unten nach.

ÜBEN

Üben Sie nun das Zeichnen dieser Figur in diesen kleineren Zellen.

ま ま **ma**

SPRECHEN Wird ausgesprochen wie das "Ma" in "Maria".

LERNEN Drei Striche; Anschlag, Anschlag, Schleifenanschlag.

Beginnen Sie das Zeichnen dieses Kana mit parallelen horizontalen Linien, die beide von links nach rechts gezogen werden. Der erste sollte etwas länger sein als der zweite. Ihre dritte Markierung beginnt von oben, schneidet durch die ersten beiden Striche und endet mit einer Schleife am unteren Rand. Der Schlüssel zum genauen Zeichnen dieses Kana liegt darin, die ersten Striche nicht zu lang zu machen, aber dennoch etwas breiter als die Schleife am Ende.

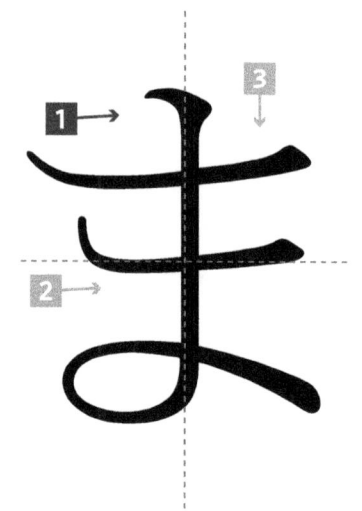

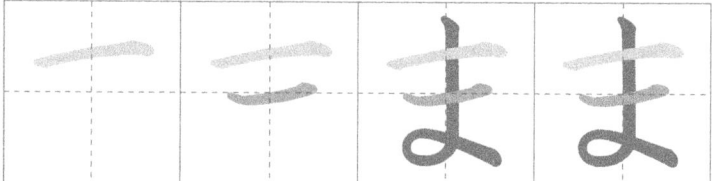

SCHREIBEN Zeichnen Sie zunächst die Formen in den großen Zellen unten nach.

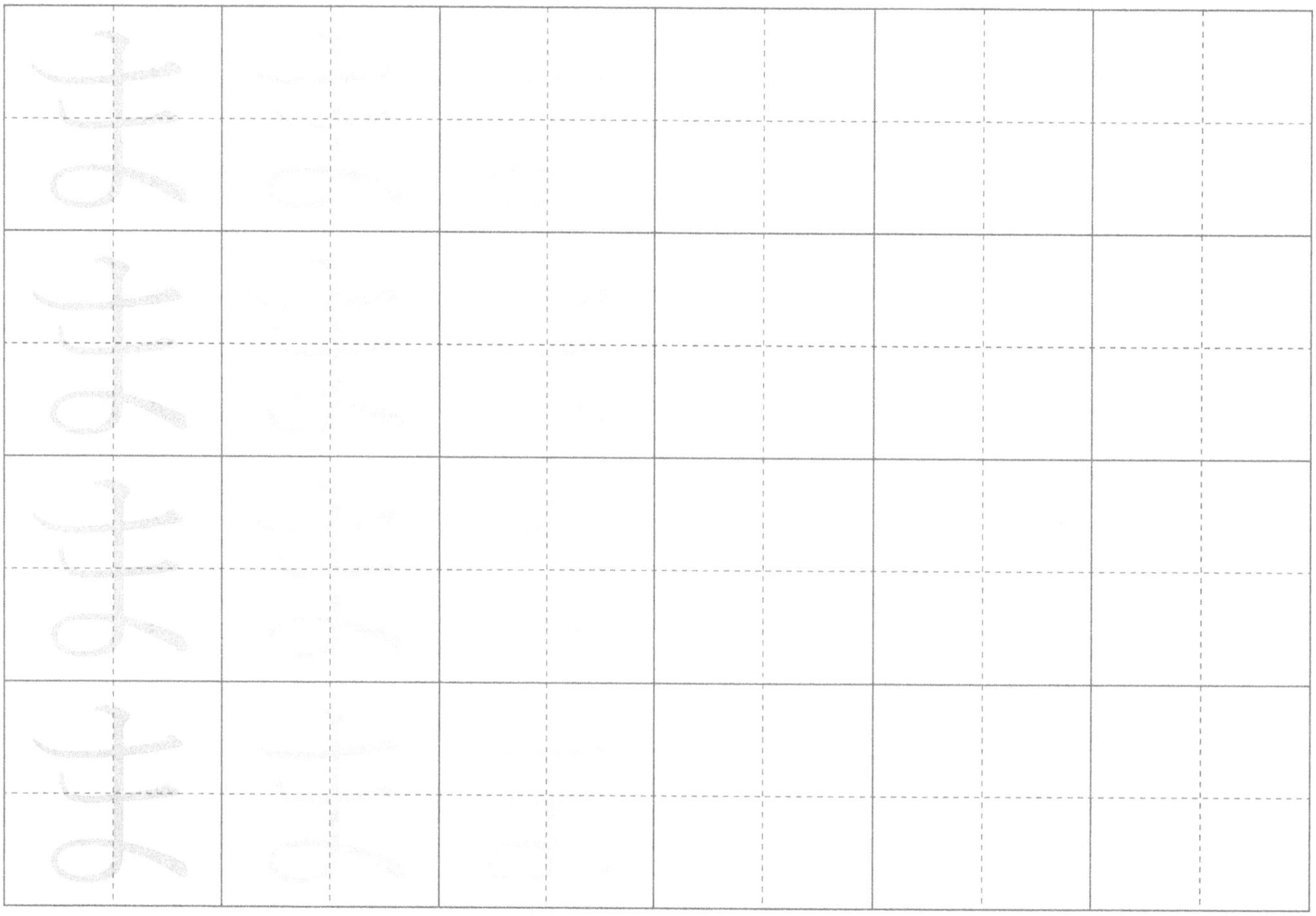

ÜBEN

Üben Sie nun das Zeichnen dieser Figur in diesen kleineren Zellen.

み み mi

SPRECHEN Wird als "mi" ausgesprochen, wie das "Me" in Medien.

LERNEN Langer Schleifenstopp und eine Überblendung.

Beginnen Sie den ersten Strich mit einer kurzen horizontalen Linie, dann bewegen Sie den Stift nach unten und nach links. Ohne den Stift von der Seite zu nehmen, machen Sie unten eine Schleife und schließen den Strich mit einem Bogen nach rechts ab. Ihr zweiter Strich ist eine Kurve, die sich nach unten und links bewegt und den Bogen des ersten Strichs durchschneidet. Nehmen Sie Ihren Stift von der Seite, um diesen Strich am Ende auszublenden.

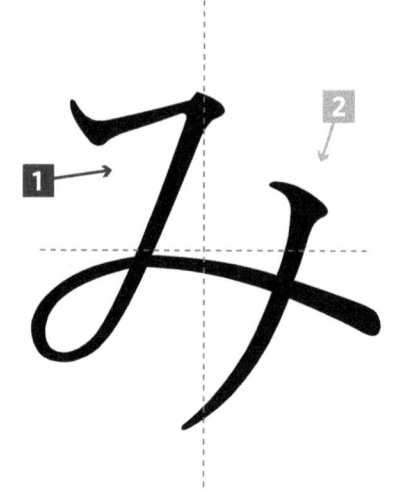

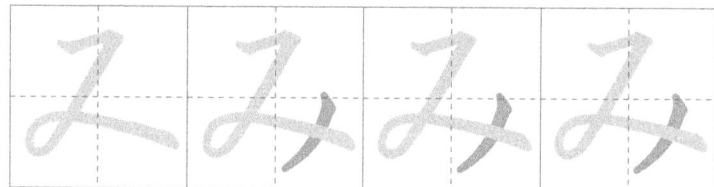

SCHREIBEN Zeichnen Sie zunächst die Formen in den großen Zellen unten nach.

ÜBEN Üben Sie nun das Zeichnen dieser Figur in diesen kleineren Zellen.

む む mu

SPRECHEN Wird wie *"Muh"* ausgesprochen, wie eine Kuh klingt.

LERNEN Drei Striche; Stopp, Schleifenüberblendung, Stopp.

Wir beginnen das Zeichnen dieses Kana ähnlich wie bei す mit einem horizontalen Strich auf der linken Seite der Zelle. Die zweite Markierung beginnt oben und wird nach unten, durch den ersten Strich, gezogen und bildet dann eine Schleife unterhalb der Mitte. Halten Sie den Stift nach der Schleife auf dem Papier und ziehen Sie nach unten, quer nach rechts und dann scharf nach oben. Halten Sie an, bevor Sie so hoch wie der erste Strich gehen. Schließen Sie mit einer kurzen, schrägen Linie ab.

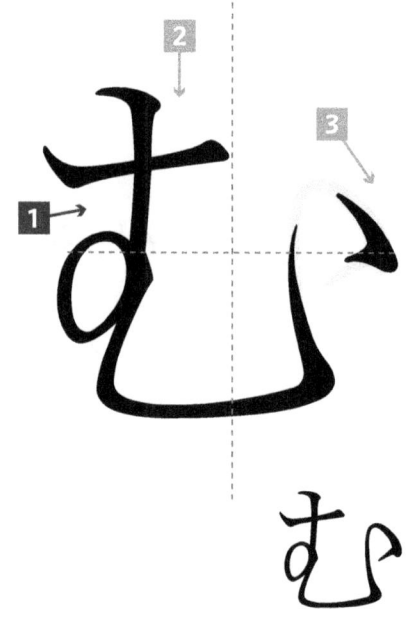

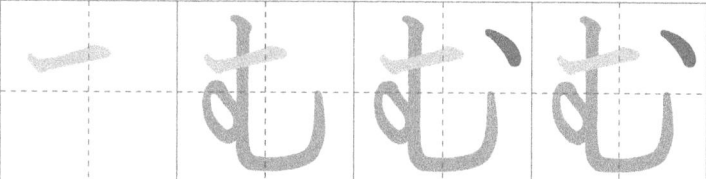

SCHREIBEN Zeichnen Sie zunächst die Formen in den großen Zellen unten nach.

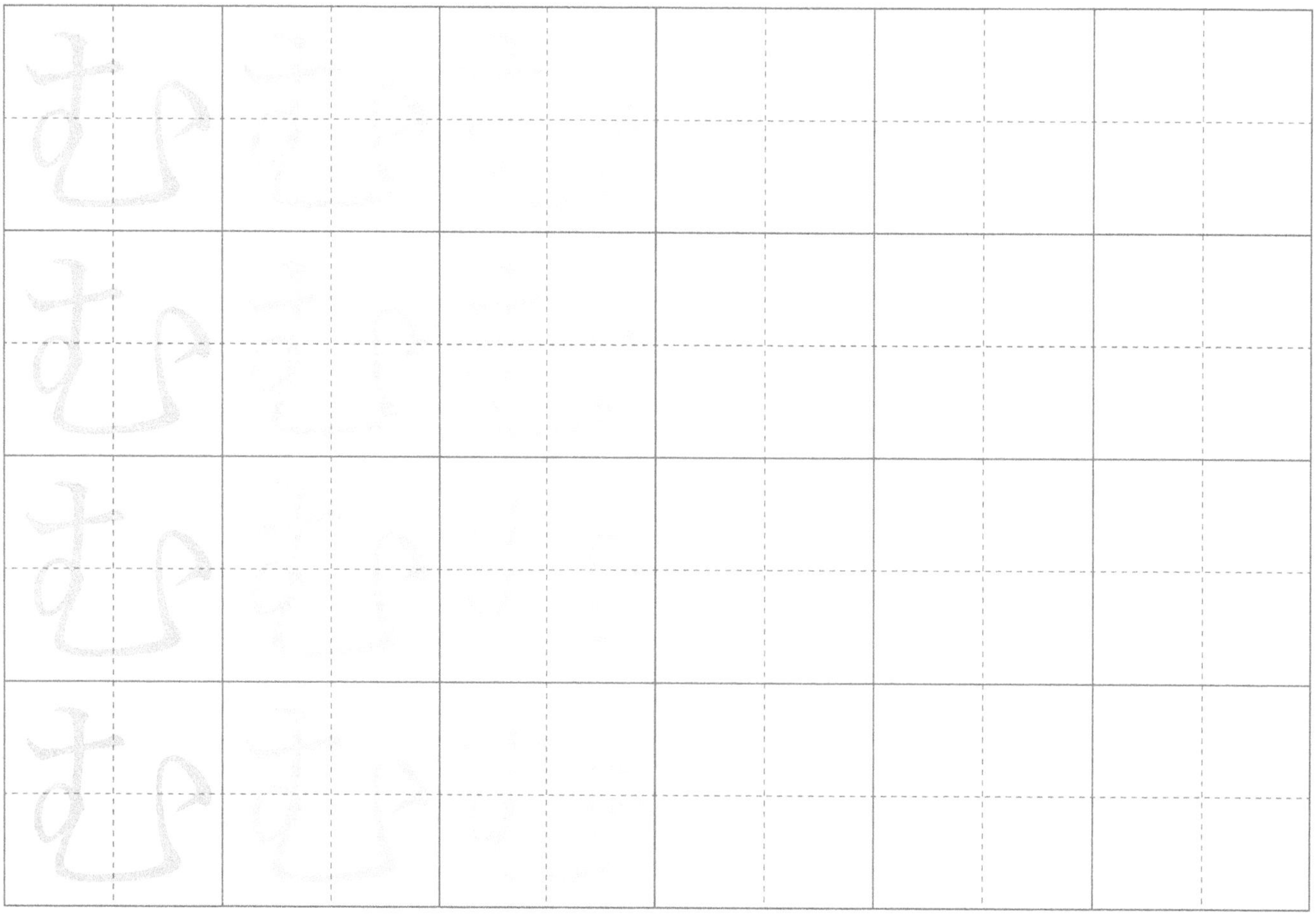

ÜBEN Üben Sie nun das Zeichnen dieser Figur in diesen kleineren Zellen.

め   め   me

SPRECHEN Wird als "meh" ausgesprochen, wie das "Me" in "Mensch".

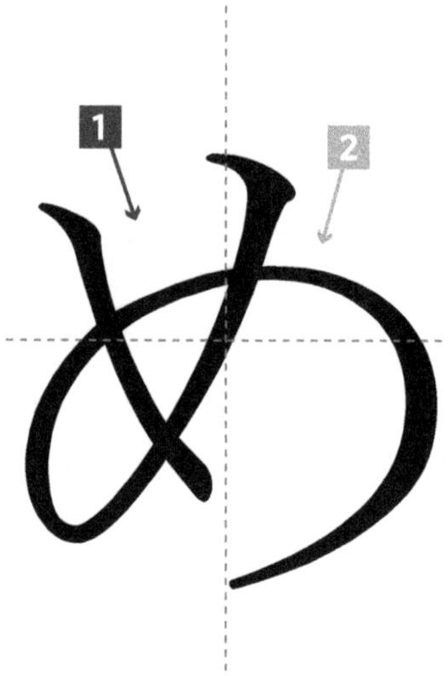

LERNEN Gezeichnet mit zwei Strichen; Stopp, lange Überblendung.

Wir schreiben dies in ähnlicher Weise wie ぬ, nur ohne Schleife am Ende. Zeichnen Sie zunächst den gebogenen diagonalen Strich nach unten und rechts. Der zweite Strich beginnt auf ähnlicher Höhe wie der erste, verläuft aber in die entgegengesetzte Richtung. Setzen Sie diesen Strich in einer großen kreisförmigen Bewegung fort, aber schnippen Sie den Stift am Ende vom Papier. Versuchen Sie, die Abstände zwischen den Strichen anzupassen, um ein genaues Zeichen zu erzeugen.

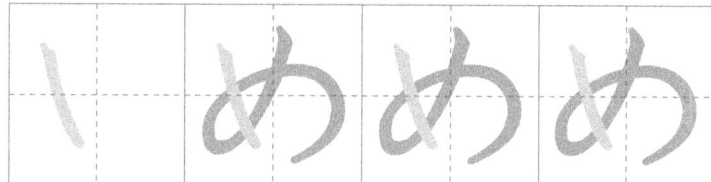

SCHREIBEN Zeichnen Sie zunächst die Formen in den großen Zellen unten nach.

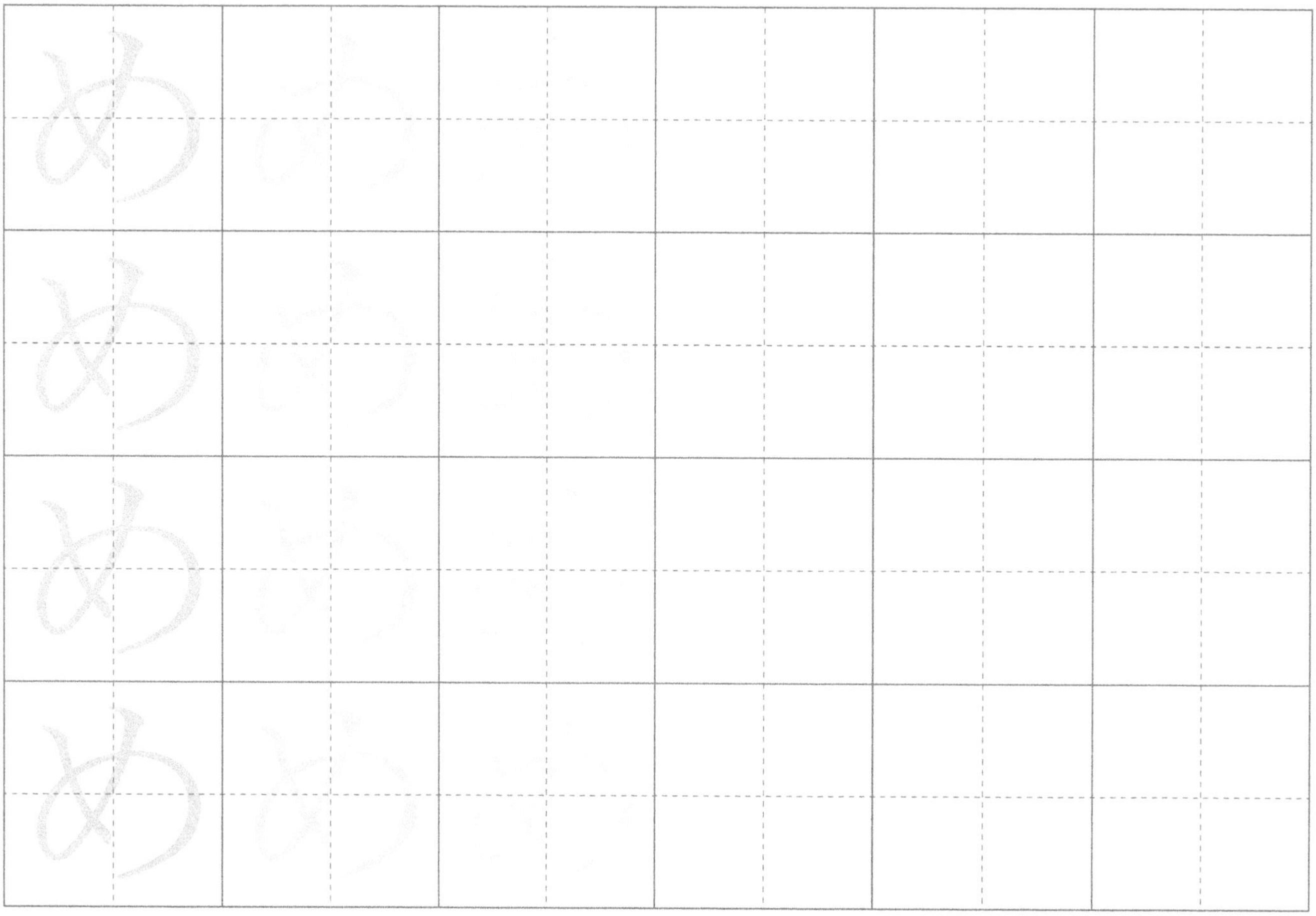

ÜBEN

Üben Sie nun das Zeichnen dieser Figur in diesen kleineren Zellen.

も　も **mo**

SPRECHEN　Wird genauso ausgesprochen wie das "Mo" in "Monat".

LERNEN　Dieses Kana hat drei Striche; lange Fade, Stop, Stop.

Genau wie bei Hiragana し beginnen wir mit dem Zeichnen der Form eines Angelhakens und enden mit einem Schnipsen des Stifts, während er sich herumbiegt. Ihr zweiter und dritter Strich sind zwei parallele, horizontale Linien, die den ersten Strich durchschneiden. Dieses Zeichen kann in einigen Schriftarten auch mit dem zweiten und dritten Strich verbunden sein, wie in der kleineren Abbildung links zu sehen ist.

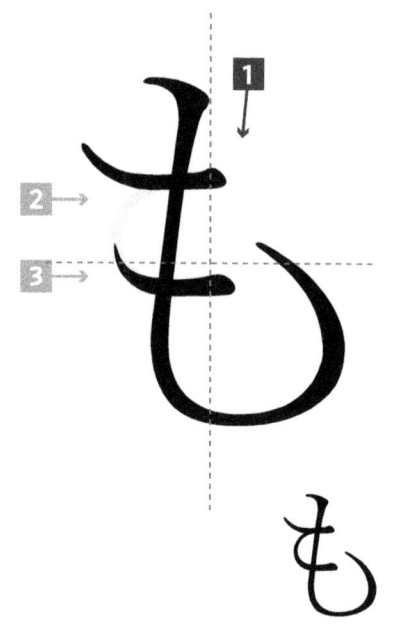

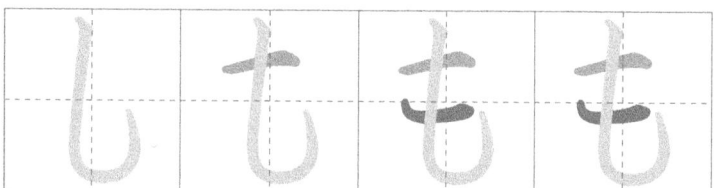

SCHREIBEN　Zeichnen Sie zunächst die Formen in den großen Zellen unten nach.

ÜBEN   Üben Sie nun das Zeichnen dieser Figur in diesen kleineren Zellen.

や や **ya**

SPRECHEN   Ausgesprochen wie das "Ya" in "Yak".

LERNEN   Zeichnen Sie dieses Kana mit drei Strichen; verblassen, springen, stoppen.

Ihr erster Strich beginnt als flache diagonale Linie nach oben und rechts, bevor er sich wieder nach hinten biegt. Der zweite Strich ist eine kurze Linie oben in der Nähe der Mitte. Der dritte und letzte Strich ist eine längere diagonale Linie von links oben nach rechts unten - er sollte sich mit dem ersten Strich etwa auf einem Drittel des Weges von links schneiden. Auch mit den Strichen 2 und 3 verbunden, wie im kleineren Bild links zu sehen.

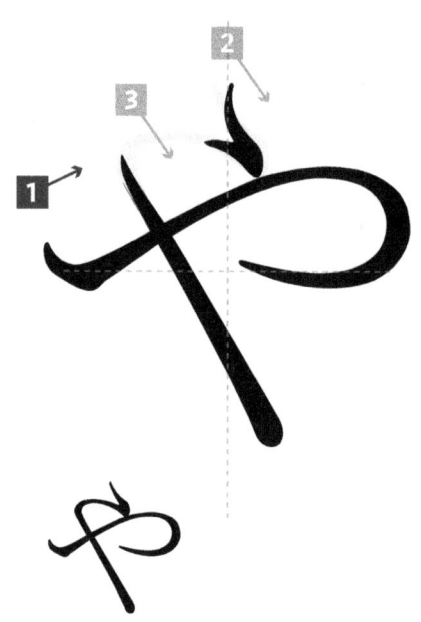

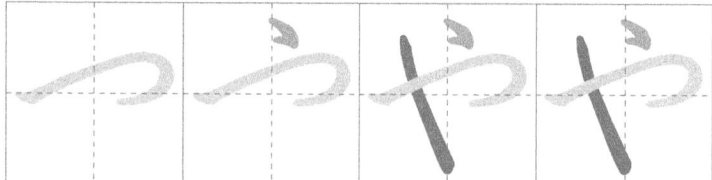

SCHREIBEN   Zeichnen Sie zunächst die Formen in den großen Zellen unten nach.

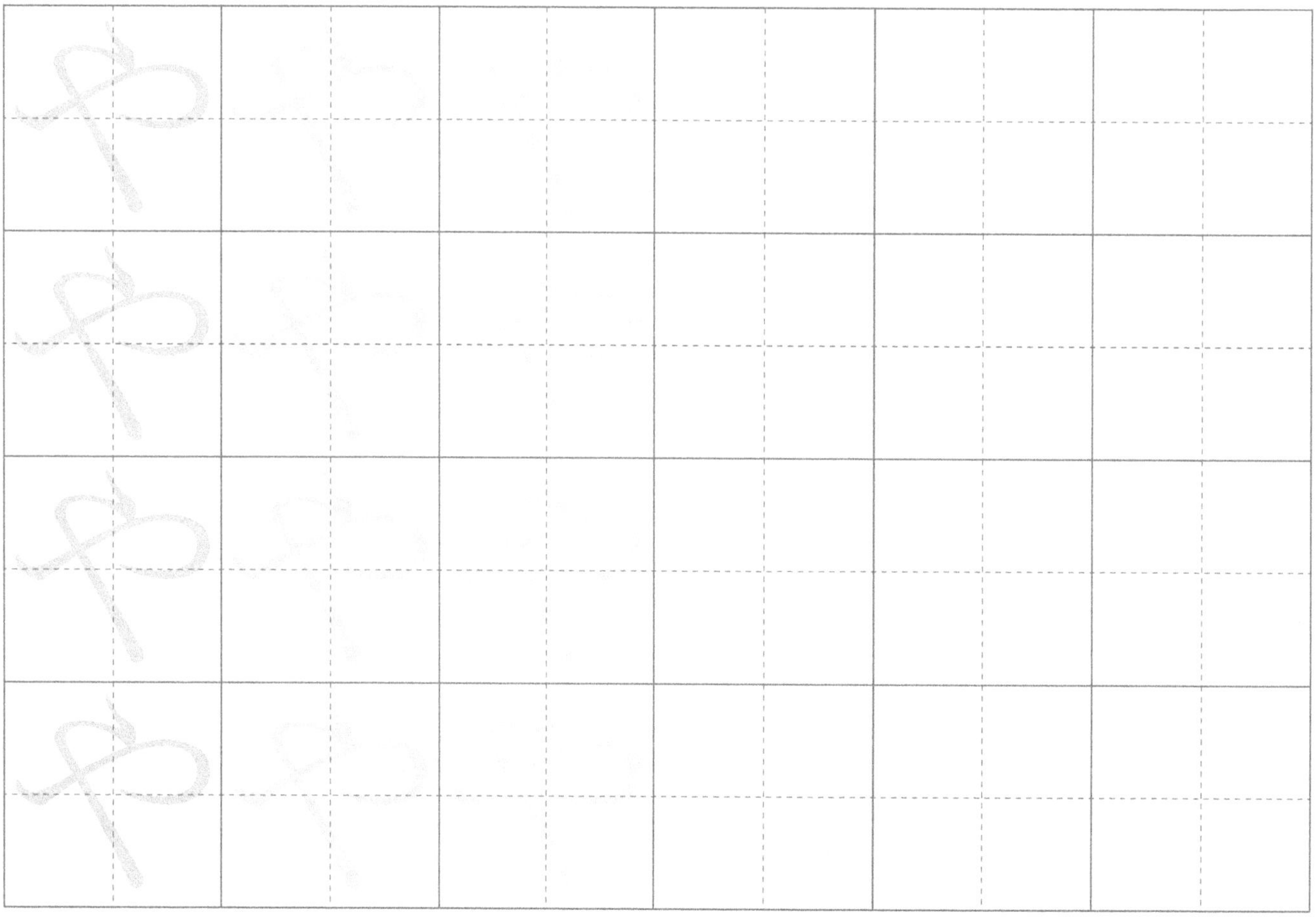

84

ÜBEN   Üben Sie nun das Zeichnen dieser Figur in diesen kleineren Zellen.

ゆ ゆ yu

SPRECHEN | Wird ausgesprochen wie das "Yu" in "Yucatán".

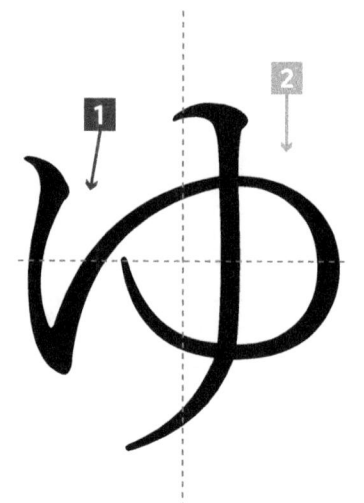

LERNEN | Dieses Kana wird mit zwei Strichen gezeichnet; fade, fade.

Beginnen Sie mit einer leicht gekrümmten Linie nach unten, bevor Sie wieder ein wenig nach oben gehen. Ohne den Stift von der Seite zu nehmen, fahren Sie fort, indem Sie eine große Kurve zeichnen, die sich fast wie ein Kreis um sich selbst schließt. Ihr zweiter Strich ist eine vertikale Linie, die sich nach links unten wölbt und die große Kurve des ersten Strichs durchschneidet. des ersten Strichs. Beenden Sie den Strich, indem Sie den Stift vom Papier nehmen, um ihn auszublenden.

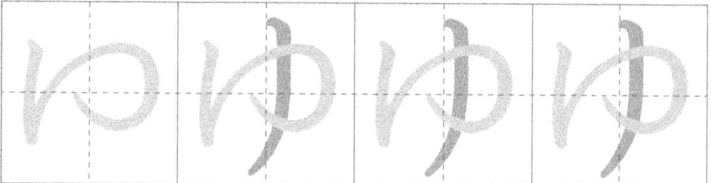

SCHREIBEN | Zeichnen Sie zunächst die Formen in den großen Zellen unten nach.

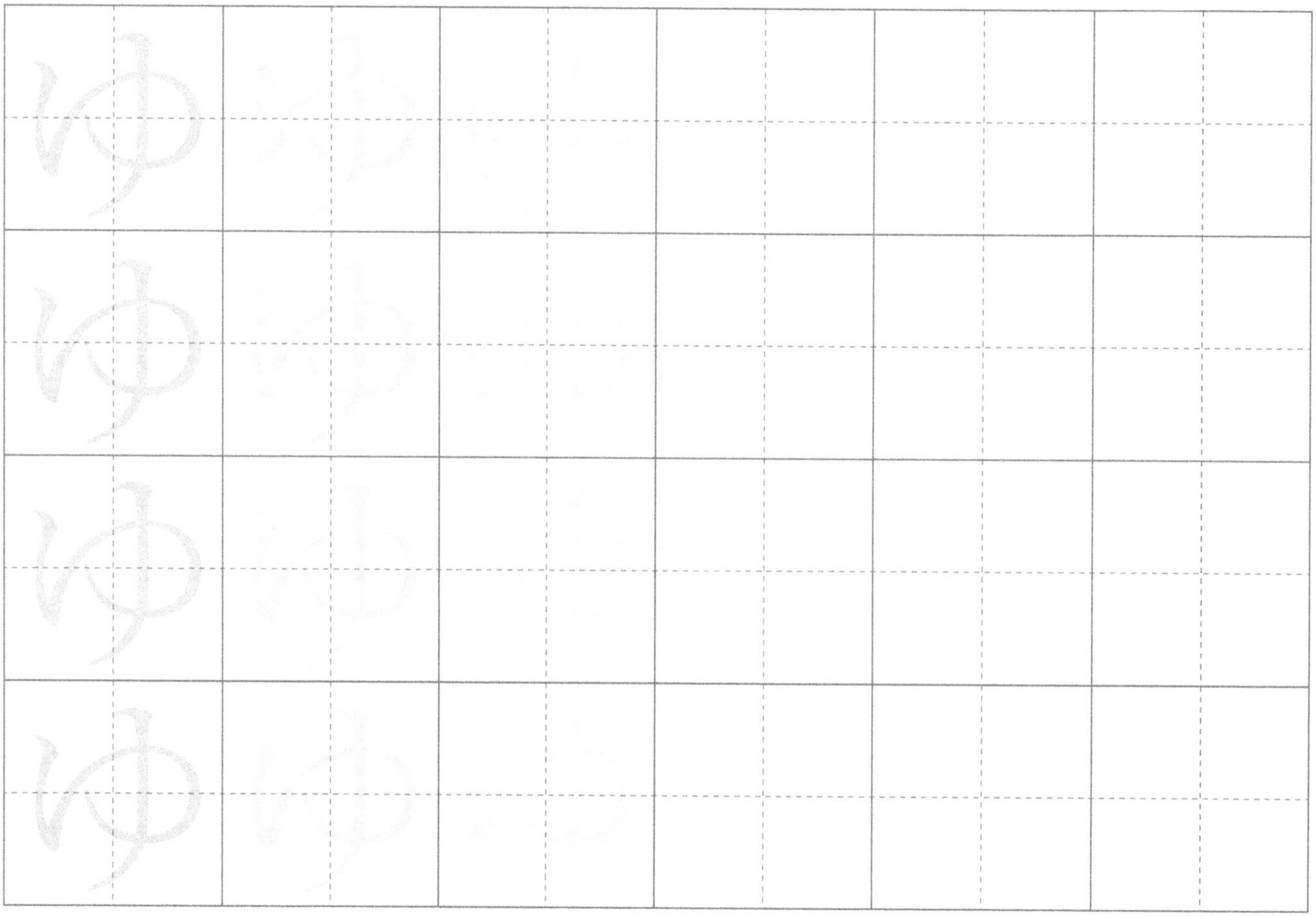

ÜBEN

Üben Sie nun das Zeichnen dieser Figur in diesen kleineren Zellen.

 **yo**

SPRECHEN Wird genauso ausgesprochen wie das "Yo" in "Yo-yo".

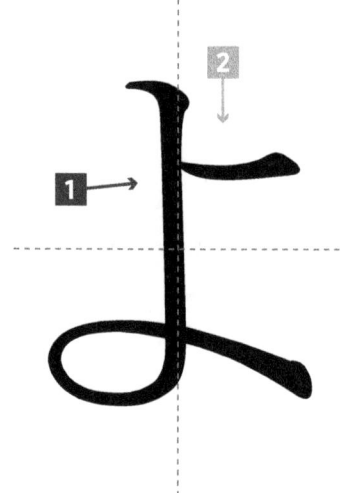

LERNEN Dieses Kana wird mit zwei Strichen gezeichnet; Sprungüberblendung, Stopp.

Die erste Markierung ist eine kurze horizontale Linie, die in der Mitte beginnt und nach rechts außen verläuft. Ihr zweiter Strich beginnt als vertikale Linie in der oberen Mitte der Zelle und wird nach unten gezogen, bevor er mit einer kleinen Schleife über sich selbst endet und unten rechts stoppt. Schnippen Sie hier nicht mit dem Stift, da dies eine Stoppmarke ist.

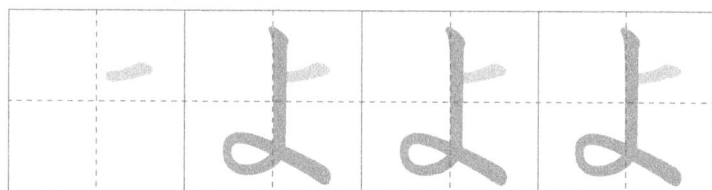

SCHREIBEN Zeichnen Sie zunächst die Formen in den großen Zellen unten nach.

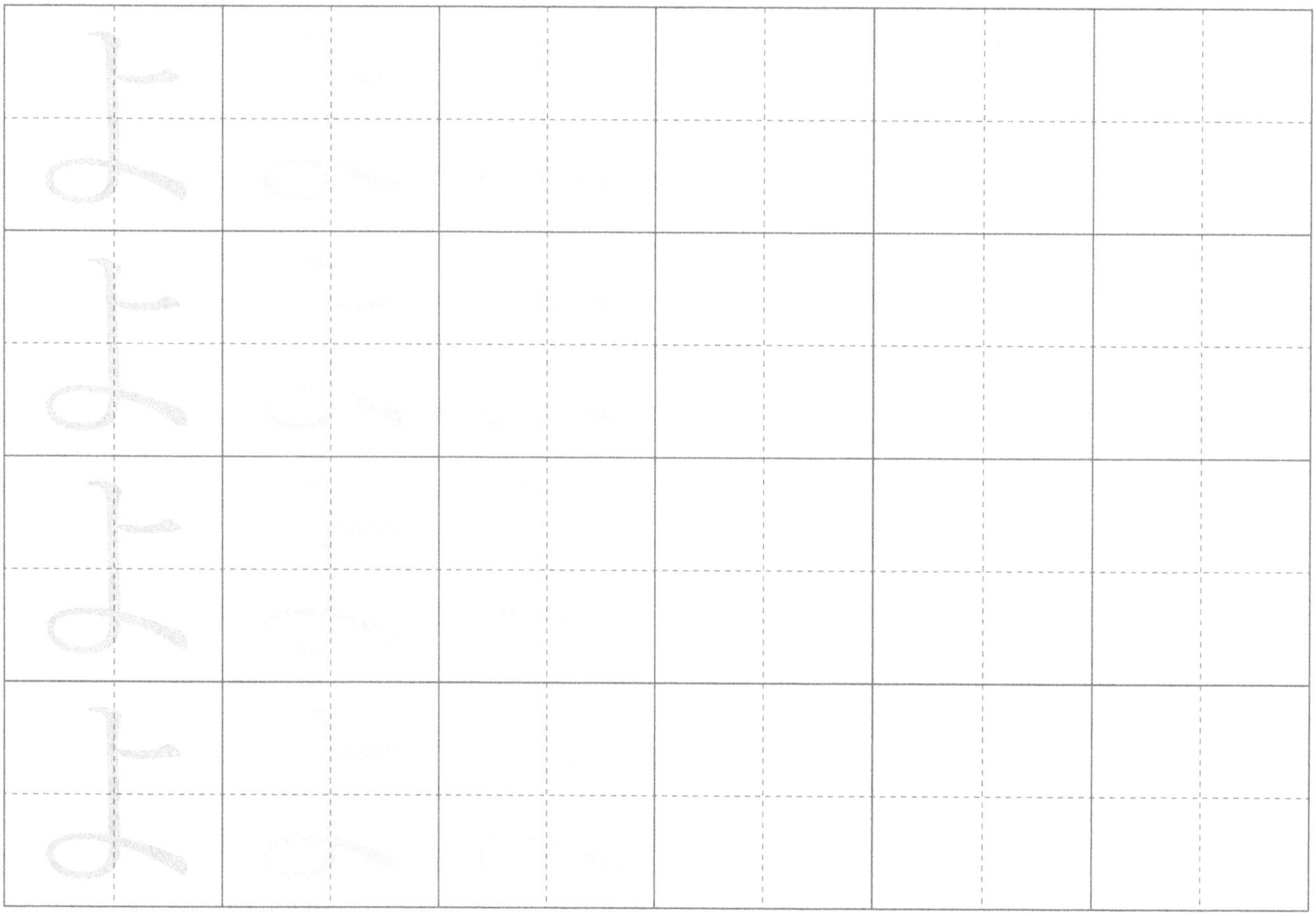

ÜBEN Üben Sie nun das Zeichnen dieser Figur in diesen kleineren Zellen.

ら ら **ra**

| SPRECHEN | Ausgesprochen wie das "Ra" in "Rahmen". |

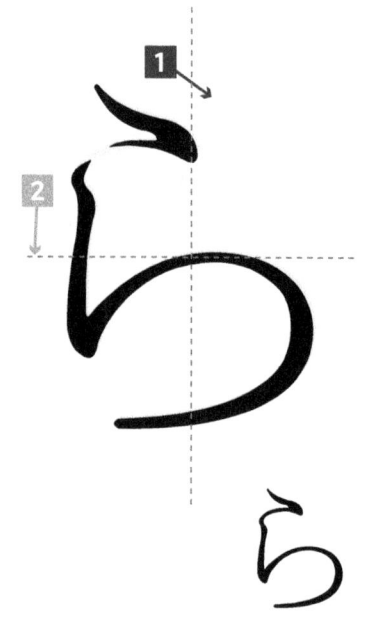

LERNEN — Gezeichnet mit drei Strichen; stop, stop, ausblenden.

Der erste Strich ist eine relativ kurze Linie, die in einem Winkel nahe dem oberen Rand der Zelle ausgeführt wird. Dann, ähnlich wie beim Zeichnen der Zahl 5, bewegt sich die nächste Markierung vertikal nach unten und dann in einer großen Kurve nach rechts außen. Die Kurve sollte sich ein wenig nach oben bewegen, bevor sie sich dreht, um wieder nach unten zu kommen. nach unten. Beenden Sie mit einem Schnippen des Stifts.

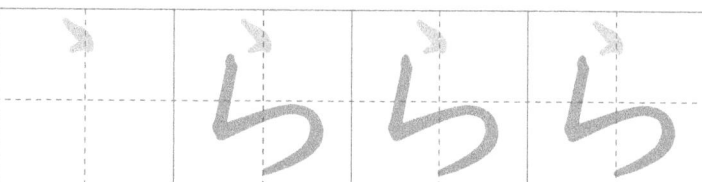

SCHREIBEN — Zeichnen Sie zunächst die Formen in den großen Zellen unten nach.

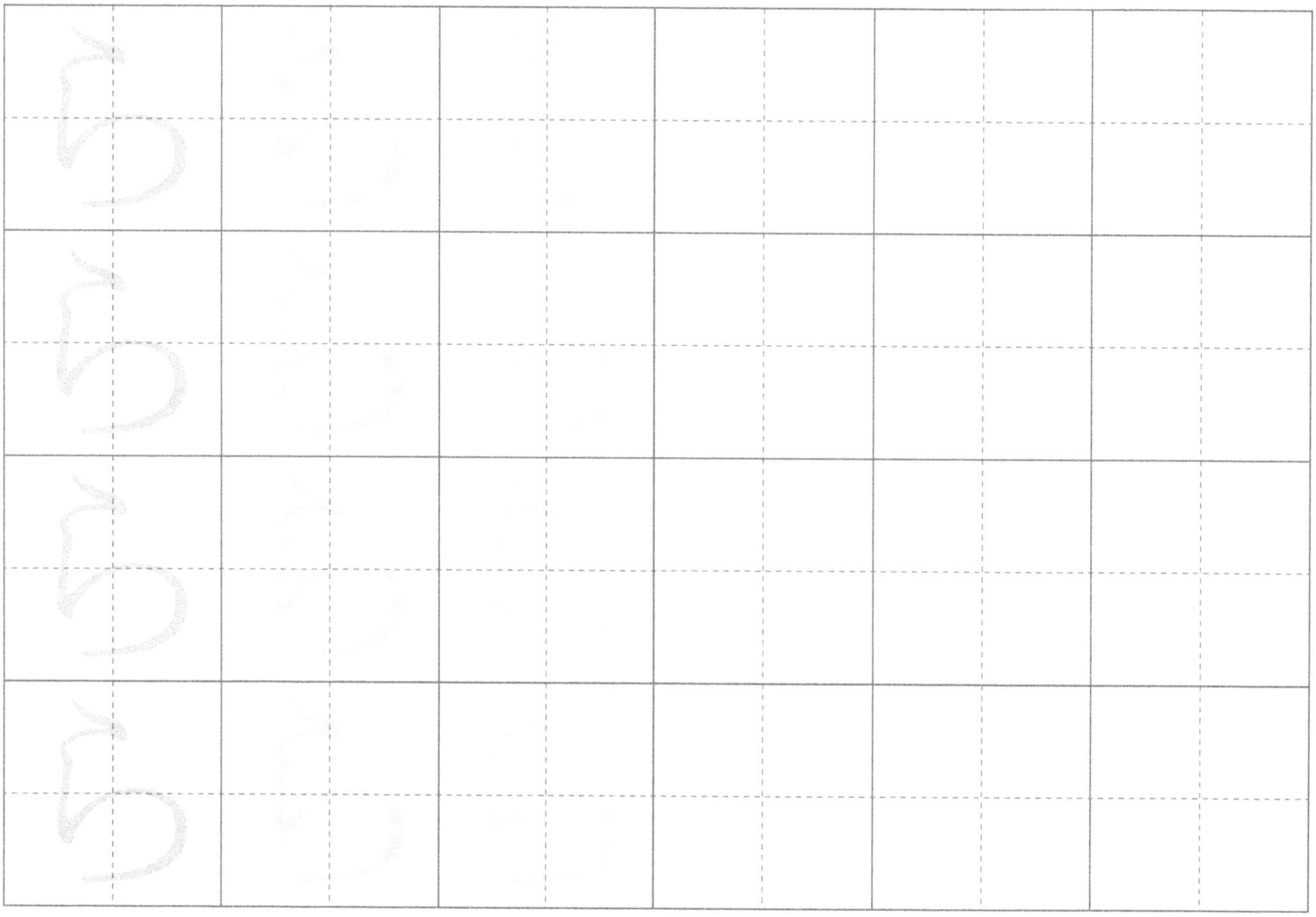

ÜBEN Üben Sie nun das Zeichnen dieser Figur in diesen kleineren Zellen.

り り **ri**

SPRECHEN	Ausgesprochen wie das "Ri" in "Ringer".
LERNEN	Mit zwei Strichen gezeichnet; springen, verblassen.

Die korrekte Schreibweise dieses Zeichens besteht aus zwei Strichen, die in der Regel als eine einzige Markierung dargestellt werden. Der erste ist ein Strich, der nach unten geht und mit einer Hane nach oben und nach rechts endet. Wenn die Hane endet, setzen Sie den Stift wieder auf dem Papier ab, um den zweiten Strich zu erzeugen. Zeichnen Sie eine lange geschwungene Linie nach unten und nach links, wobei Sie den Stift am Ende vom Blatt wegschnippen, um ihn auszublenden.

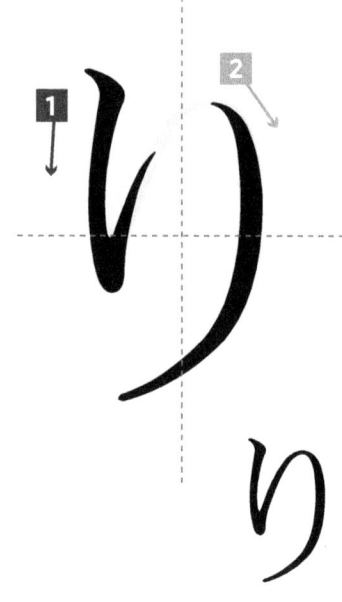

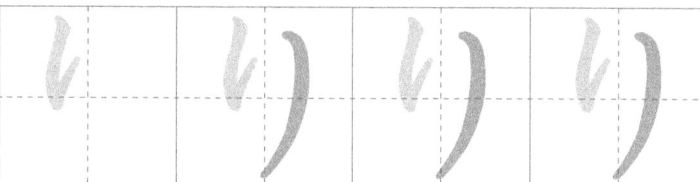

SCHREIBEN — Zeichnen Sie zunächst die Formen in den großen Zellen unten nach.

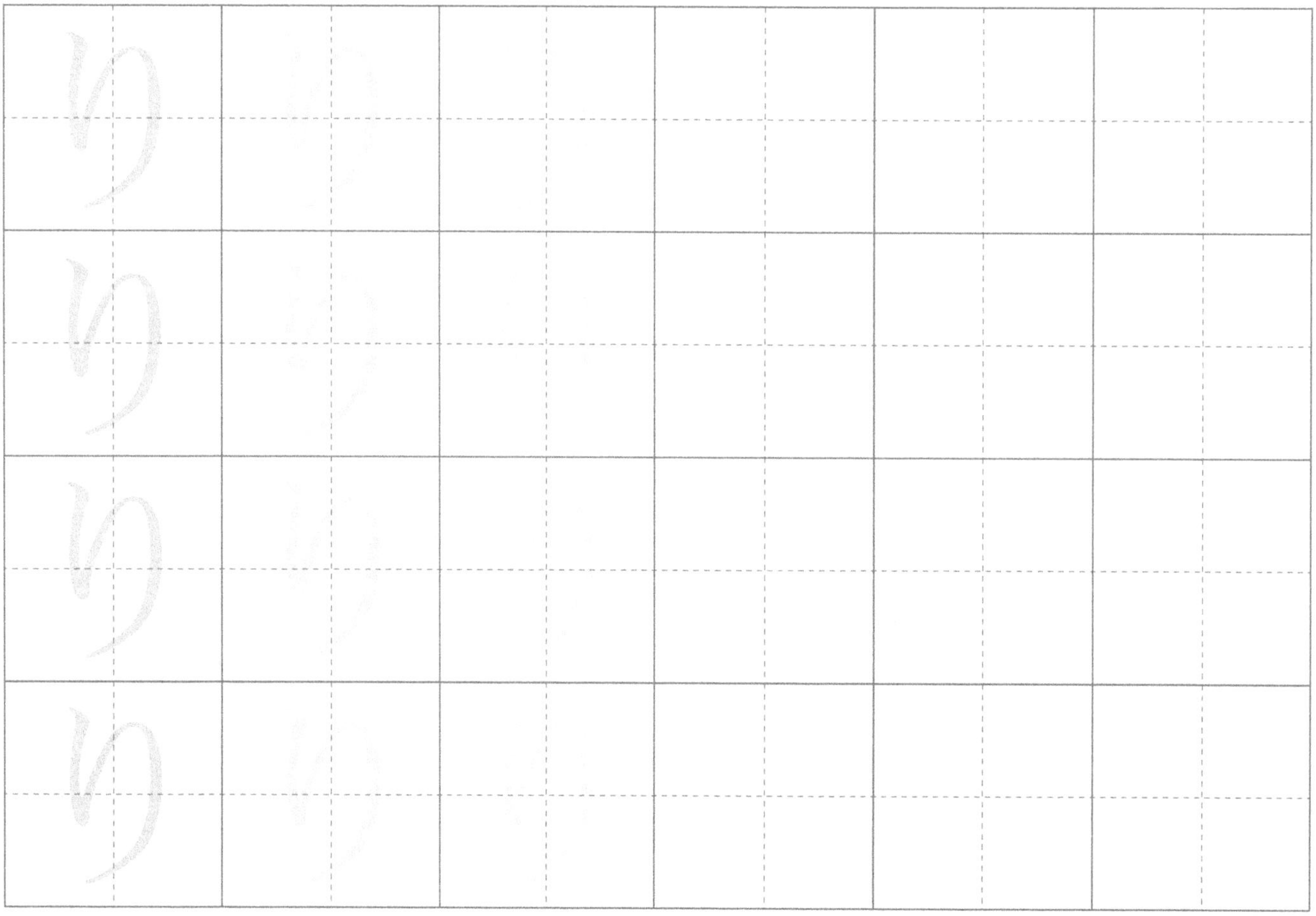

ÜBEN Üben Sie nun das Zeichnen dieser Figur in diesen kleineren Zellen.

る　る **ru**

SPRECHEN Ausgesprochen wie das "Ru" in "Ruhe".

LERNEN Ein langer gebogener Zick-Zack-Anschlag

Dieses Einstrich-Zeichen beginnt mit einer kleinen horizontalen Linie von links nach rechts, bevor es sich dreht und mit einer längeren Markierung nach links unten fährt. Ohne den Stift anzuheben, fahren Sie ein Stück zurück nach oben und erzeugen dann eine große kreisförmige Schleife, mit einer weiteren, viel kleineren Schleife am Ende. Die kleinste Schleife sollte nicht über oder hinter Ihrer Linie verlaufen, sondern oben auf ihr enden.

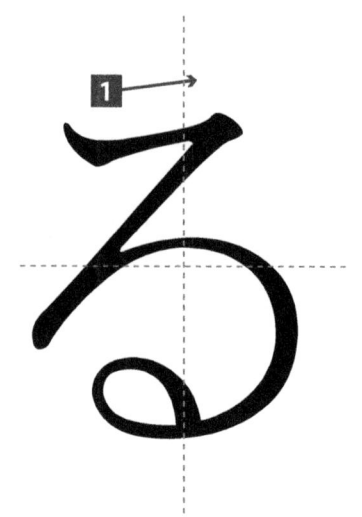

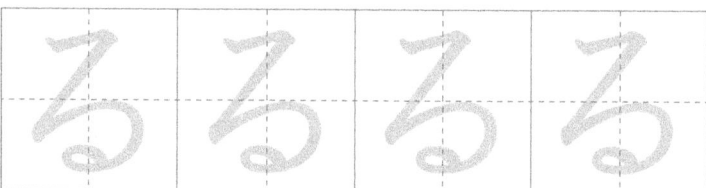

SCHREIBEN Zeichnen Sie zunächst die Formen in den großen Zellen unten nach.

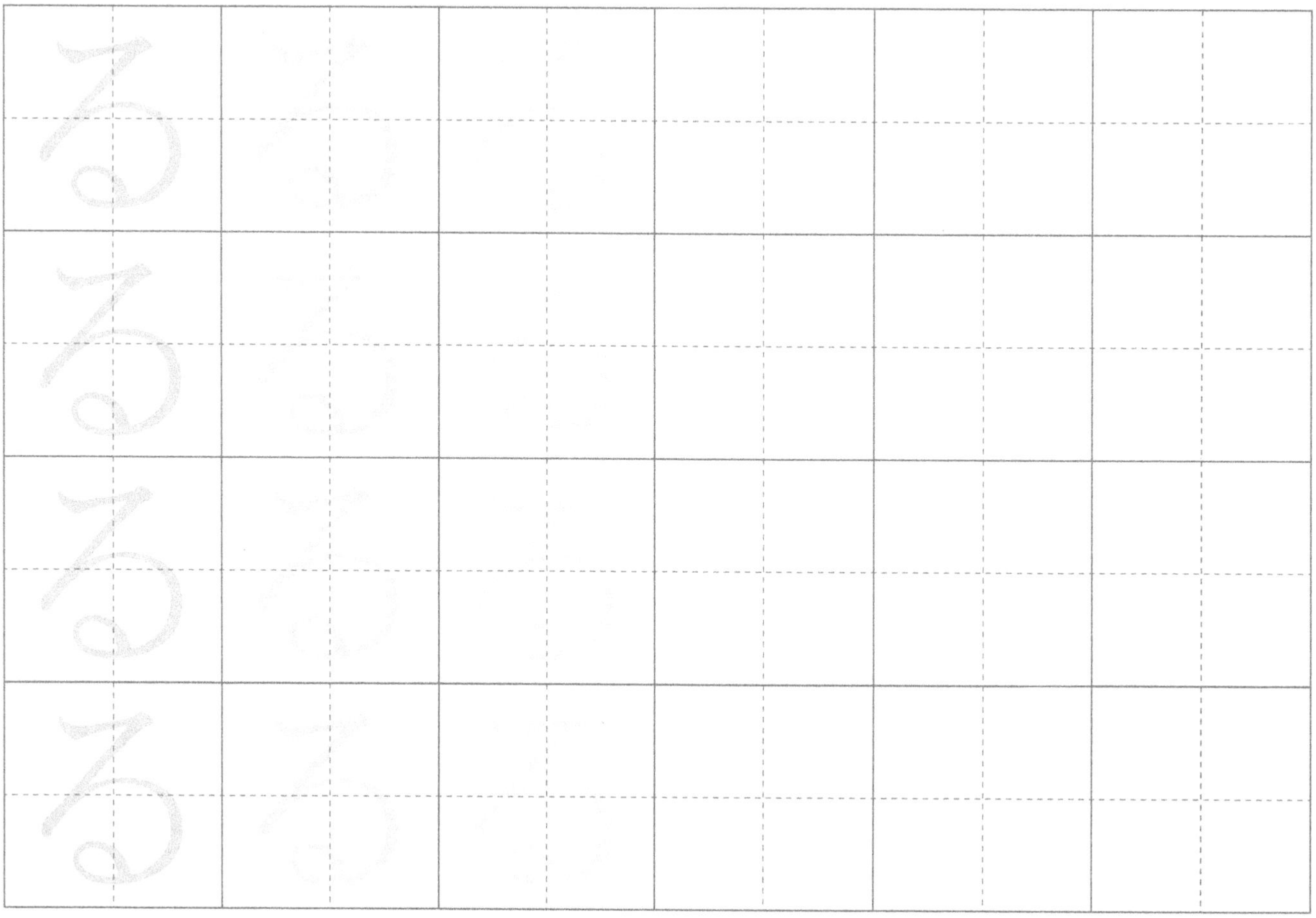

ÜBEN   Üben Sie nun das Zeichnen dieser Figur in diesen kleineren Zellen.

れ れ **re**

SPRECHEN Wird ausgesprochen wie das "re" in "reden".

LERNEN Mit zwei Strichen gezeichnet; ein Stopp, dann eine Zick-Zack-Überblendung

Beginnend mit einer vertikalen Linie von oben nach unten, wird dieses Kana mit nur zwei Strichen ausgeführt. Der zweite Strich beginnt mit einer relativ kurzen horizontalen Linie quer zur ersten, bevor er diagonal nach unten und links verläuft und die vertikale Linie noch einmal kreuzt. Ohne den Stift zu heben, fahren Sie wieder nach oben zurück und zeichnen Sie eine hohe Wellenform nach rechts.

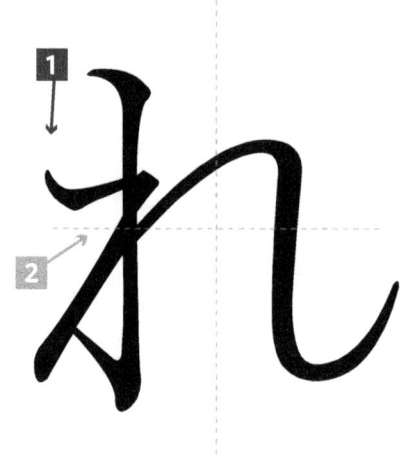

SCHREIBEN Zeichnen Sie zunächst die Formen in den großen Zellen unten nach.

ÜBEN Üben Sie nun das Zeichnen dieser Figur in diesen kleineren Zellen.

ろ ろ **ro**

| SPRECHEN | Wird ausgesprochen wie das "ro" in "rodeln". |

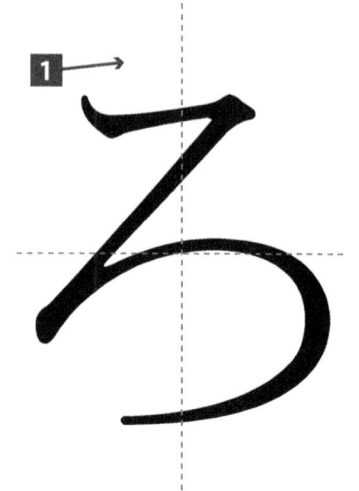

LERNEN — Mit einem Strich gezeichnet; Zick-Zack-Überblendung.

Wir schreiben das ろ in ähnlicher Weise wie das る, nur ohne Schleife am Ende. Beginnen Sie mit einem recht kurzen waagerechten Kurzstrich von links nach rechts, und folgen Sie mit einem diagonalen Strich nach unten und zurück nach links. Ziehen Sie ein wenig nach oben zurück und beenden Sie den Strich dann mit der großen Kurve nach rechts außen und wieder nach innen - alles in einer gleichmäßigen Aktion, die mit einem Schnipsen von der Seite endet.

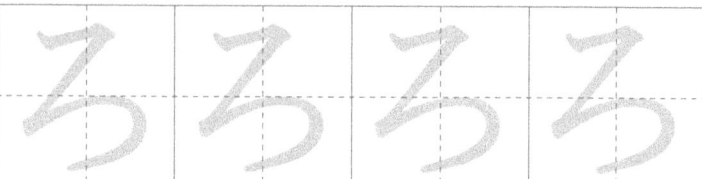

SCHREIBEN — Zeichnen Sie zunächst die Formen in den großen Zellen unten nach.

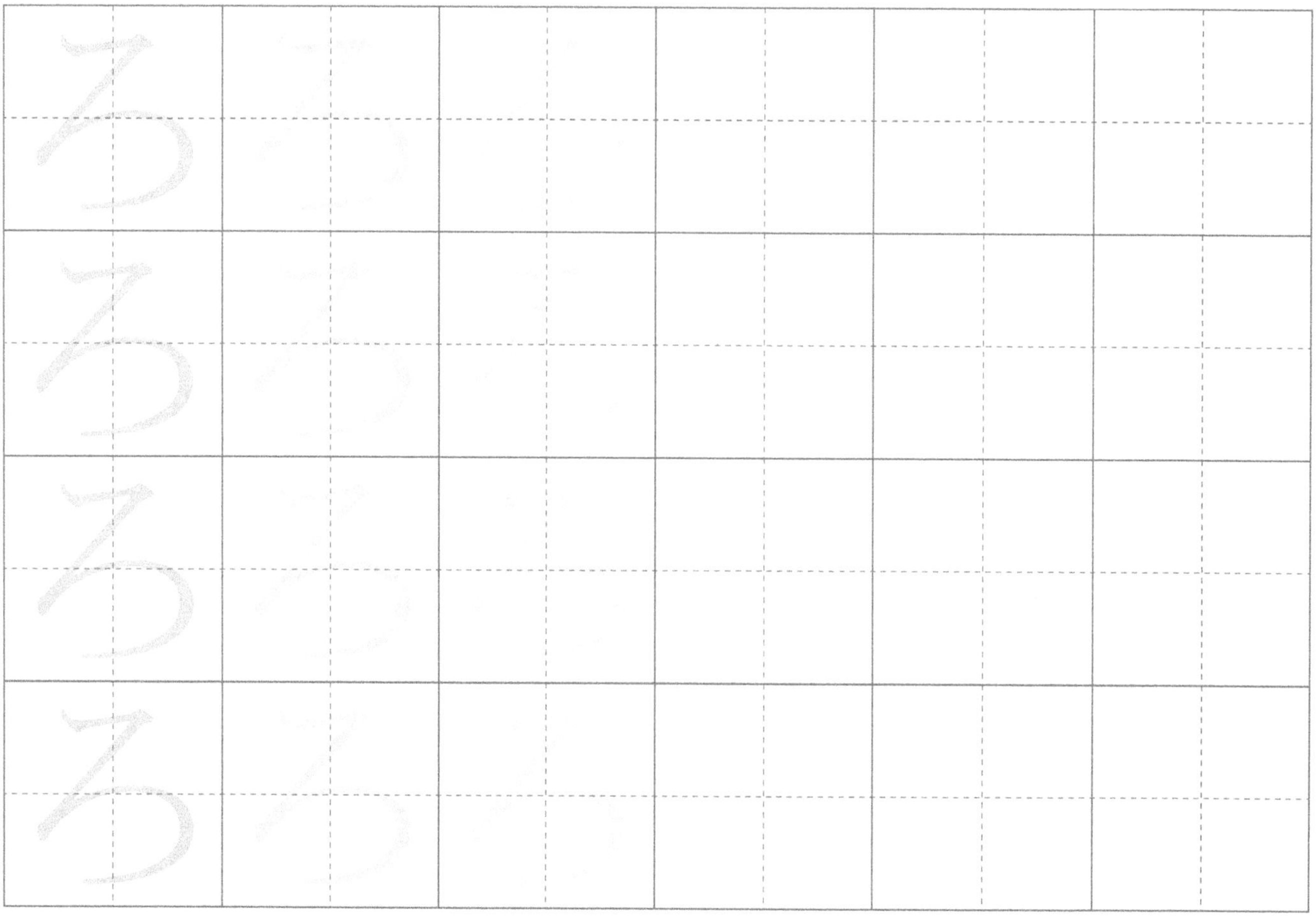

ÜBEN Üben Sie nun das Zeichnen dieser Figur in diesen kleineren Zellen.

99

わ わ **wa**

SPRECHEN Wie das "Wa" in "Wagon", mit dem "w" von "Wut".

LERNEN Dieses Kana wird mit zwei Strichen gezeichnet; Stopp, Zick-Zack-Überblendung.

Beginnen Sie mit der vertikalen Markierung von oben nach unten, links von der Mitte und enden Sie mit einer Hane nach oben und links. Ihr zweiter Strich geht über den ersten Strich und bewegt sich dann diagonal nach links unten und durchschneidet wieder den ersten. Schließen Sie diesen Strich ab, indem Sie die große Kurve nach rechts außen und wieder zurück ziehen und sie am Ende mit einem Strich ausblenden.

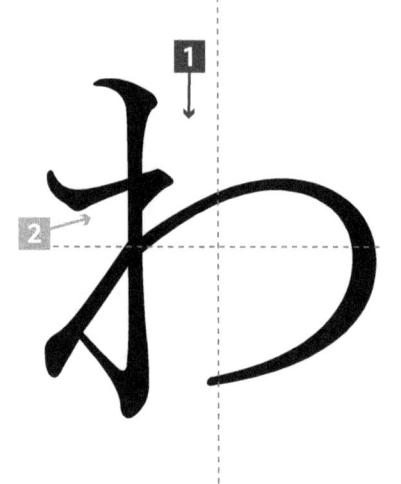

SCHREIBEN Zeichnen Sie zunächst die Formen in den großen Zellen unten nach.

ÜBEN Üben Sie nun das Zeichnen dieser Figur in diesen kleineren Zellen.

を を wo*

SPRECHEN Wie das "Wo" in "Woche", mit einem stummen "w".

LERNEN Drei Striche; von denen jeder ein Anschlag ist.

Ihr erster Strich ist eine horizontale Linie von links nach rechts. Die zweite Markierung beginnt als diagonale Linie, die den ersten Strich kreuzt, bevor sie sich nach oben und wieder nach unten dreht. Er sollte an einem tieferen Punkt enden als der, an dem sich Ihr Stift zuvor gedreht hat. Ihr dritter Strich ist eine Kurve, die von der rechten Seite, oberhalb der Mittellinie beginnt und das Ende des zweiten Strichs durchschneidet. Sie kehrt zur unteren rechten Seite der Zelle zurück und endet mit einem Anschlag.

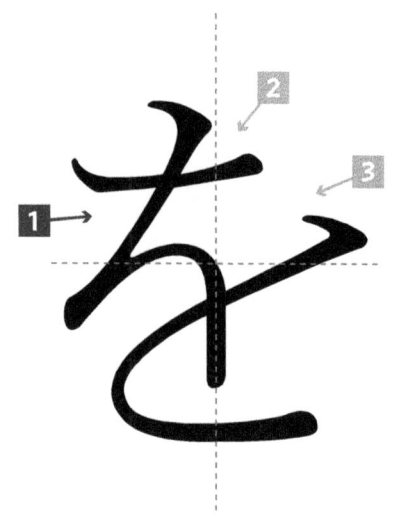

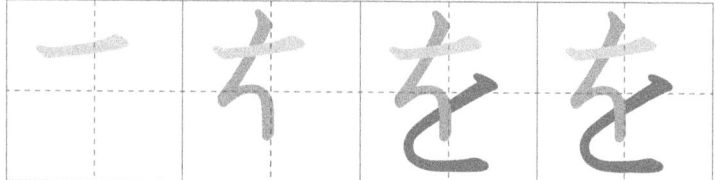

Ungewöhnliches Kana (wird als Partikel verwendet)

SCHREIBEN Zeichnen Sie zunächst die Formen in den großen Zellen unten nach.

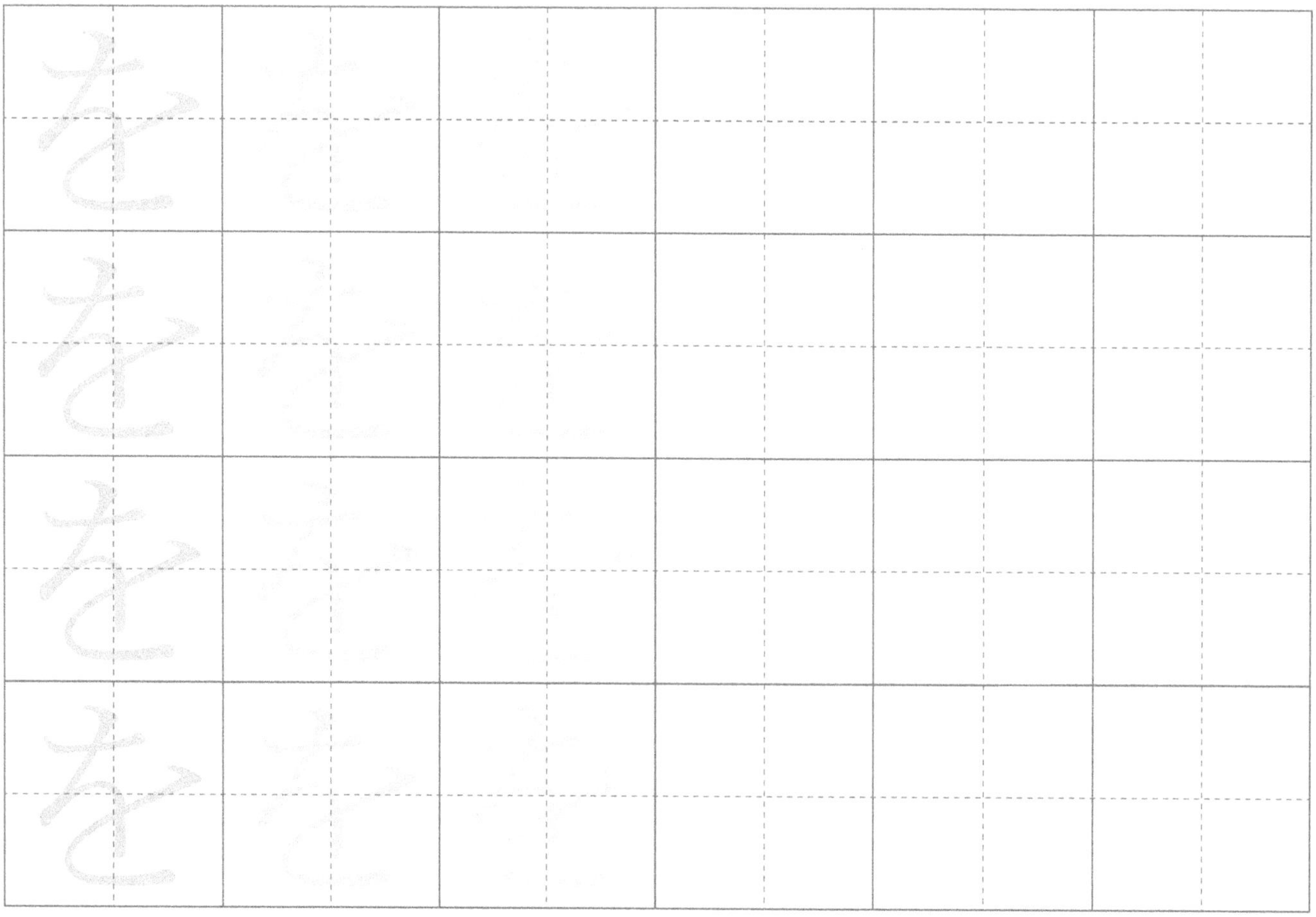

ÜBEN Üben Sie nun das Zeichnen dieser Figur in diesen kleineren Zellen.

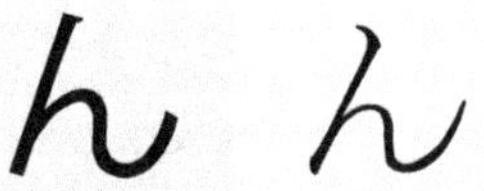

| ん　ん　**n** | SPRECHEN | Ausgesprochen wie der "n"-Laut in Wappen. |

| | LERNEN | Mit einem Strich gezeichnet; lange Überblendung. |

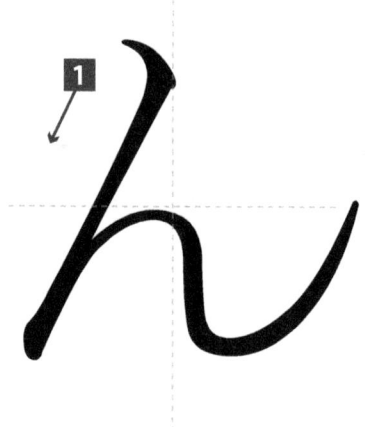

Dieses Zeichen wird mit einem einzigen Strich erstellt. Es beginnt mit einer diagonalen Linie vom oberen mittleren Bereich nach unten links. Ohne den Stift anzuheben, fahren Sie ein wenig nach oben zurück, bevor Sie eine Wellenform erzeugen – beenden Sie diesen Strich und das Zeichen, indem Sie den Stift von der Seite wegschnippen, um den Strich um den Bereich der Mittellinie auszublenden.

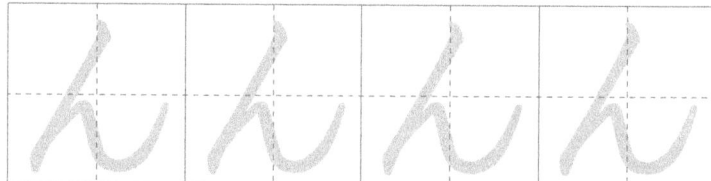

SCHREIBEN   Zeichnen Sie zunächst die Formen in den großen Zellen unten nach.

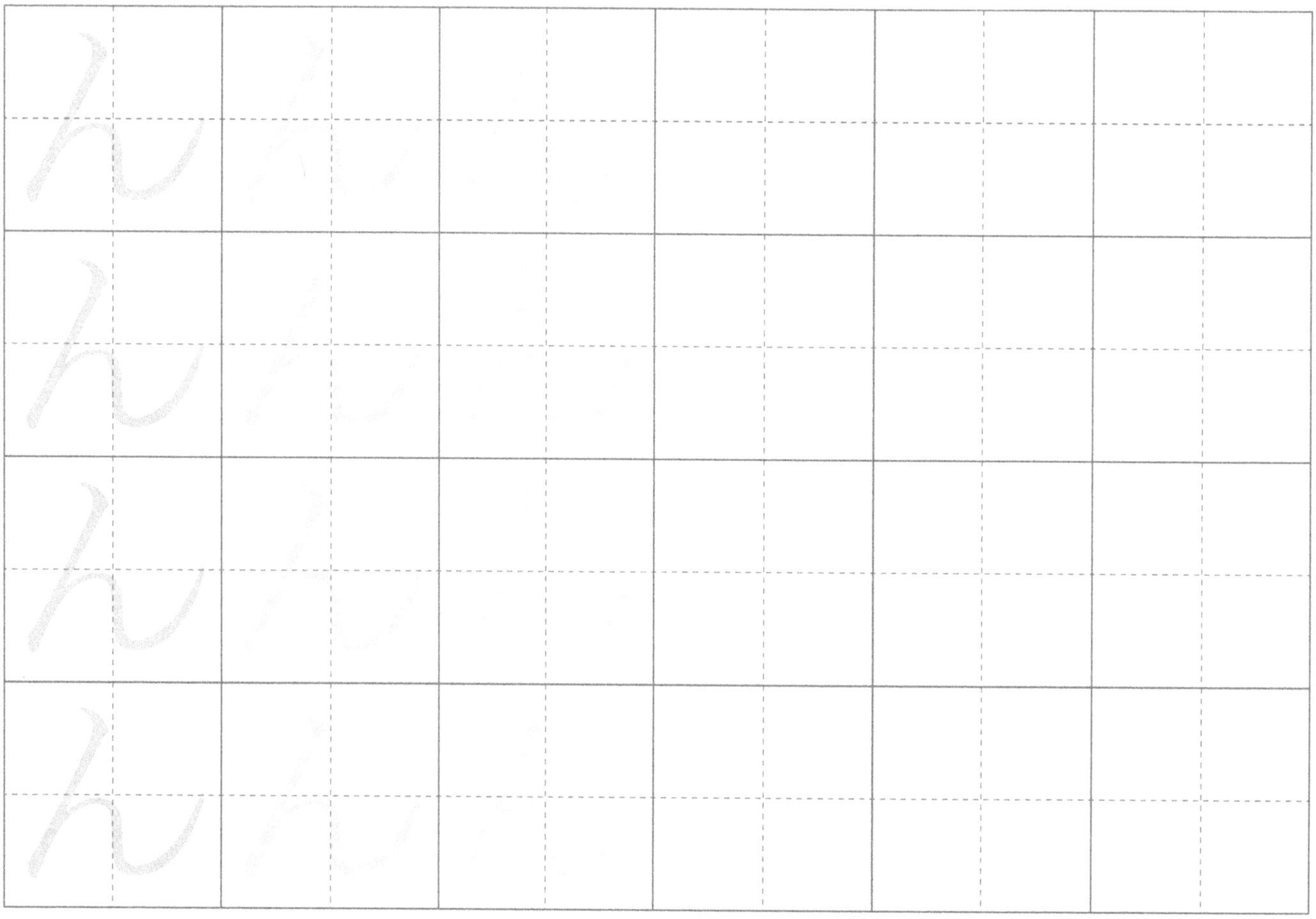

ÜBEN Üben Sie nun das Zeichnen dieser Figur in diesen kleineren Zellen.

Teil 3

GENKOUYOUSHI

RASTERPAPIER FÜR DIE WEITERE PRAXIS

Teil 4

FLASH-KARTEN

FOTOKOPIEREN ODER AUSSCHNEIDEN & AUFBEWAHREN

あ	や	ま
い	お	り
う	せ	も
ん	く	し

a

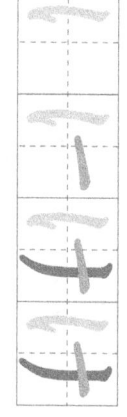

Wird ausgesprochen wie das "A" in "Apfel".

i

Wird wie das "I" in "Igel" ausgesprochen.

u

Wird ausgesprochen wie das "u" in "zu".

e

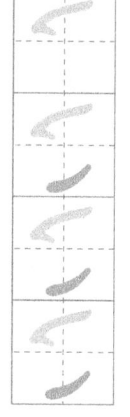

Wird als "eh" ausgesprochen, wie das "E" in "Engel".

o

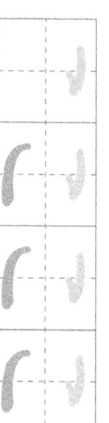

Wird ausgesprochen wie das "o" in "oben".

ka

Wird wie "Ka" ausgesprochen, wie in "Kaffee".

ki

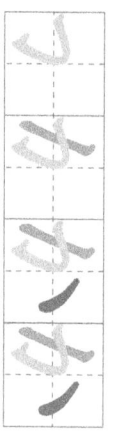

Wird ausgesprochen wie das "Ki" in "Kiste".

ku

Ausgesprochen wie "Kuh".

ke

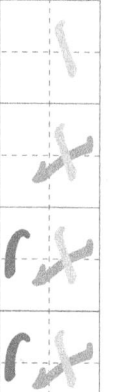

Ausgesprochen wie das "ke" in "Keller".

ko

Ausgesprochen "ko" wie in "Disko".

sa

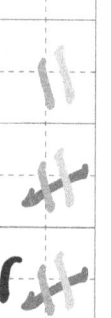

Wird wie das "ßa" ausgesprochen, wie in "großartig".

shi

 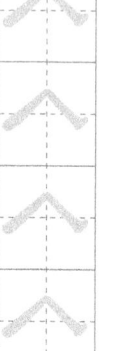 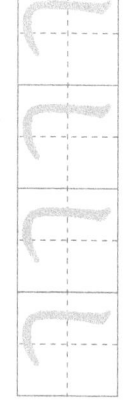

Ausgesprochen "schie" wie in "schieben".

す	し	な
せ	つ	に
ね	て	め
だ	で	も

su
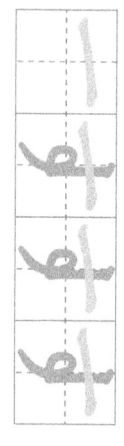
Ausgesprochen "su" wie in "super".

se
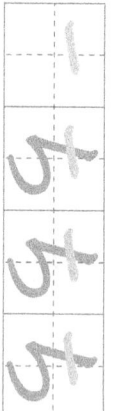
Wird ausgesprochen wie das "Sä" in "Säge".

so
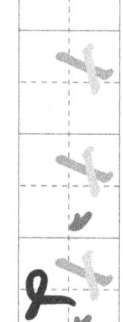
Wird ausgesprochen wie das "So" in "Soja".

ta
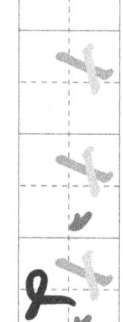
Wird wie das "Ta" in "Tag" ausgesprochen, aber kürzer.

chi

Wird genauso ausgesprochen wie das "Chi" in "Tai-Chi".

tsu
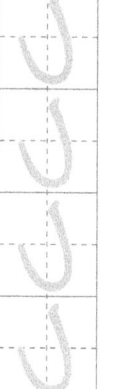
Wird genauso ausgesprochen wie das "Tsu" in "Tsunami".

te
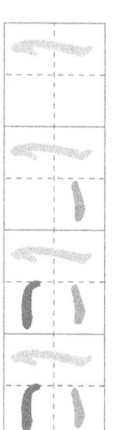
Wird ausgesprochen wie das "The" in "Thema".

to
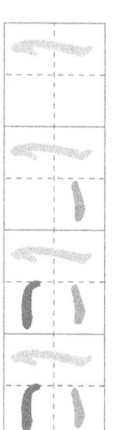
Wird ausgesprochen wie das "to" in "toll".

na
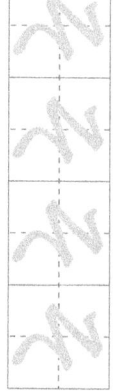
Wird ausgesprochen wie das "Na" in "Nacht".

ni
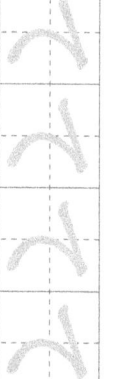
Wird ausgesprochen wie das "ni" in "niesen".

nu

Ausgesprochen wie das "Nu" in "Nudeln", aber kurz.

ne
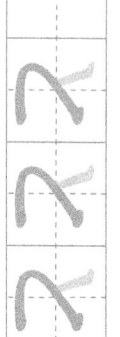
Ausgesprochen wie das "Ne" in "Nest".

no
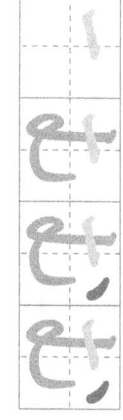
Wird wie das "No" in "Nordpol" ausgesprochen.

ha
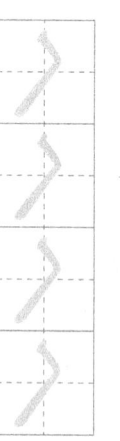
Wird wie das "ha" in "hallo" ausgesprochen.

hi
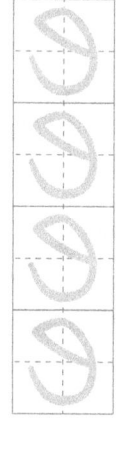
Ausgesprochen wie das "Hy" in "Hymne".

he

Wird wie das "He" in "Helga" ausgesprochen.

ho
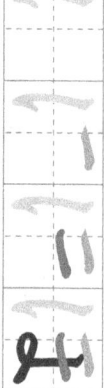
Ausgesprochen wie das "Ho" in "Hochzeit".

fu
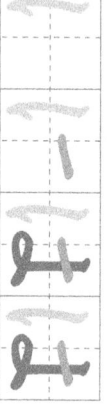
Ausgesprochen wie das "Fu" in "Fuji".

mu
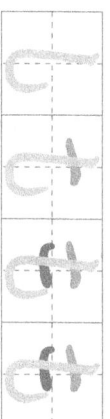
Wird wie "Muh" ausgesprochen, wie eine Kuh klingt.

me
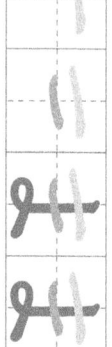
Wird als "meh" ausgesprochen, wie das "Me" in "Mensch".

ma
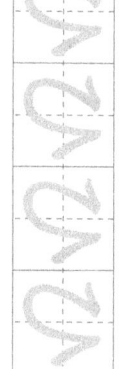
Wird wie das "Ma" in "Maria" ausgesprochen.

mo
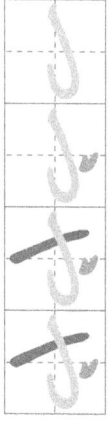
Wird genauso ausgesprochen wie das "Mo" in "Monat".

ya
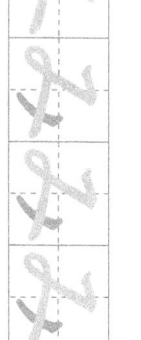
Ausgesprochen wie das "Ya" in "Yak".

mi
Wird als "mi" ausgesprochen, wie das "Me" in Medien.

め	ち	な
す	あ	ん
ね	る	
り	も	

yu
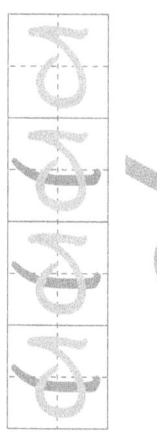
Wird ausgesprochen wie das "Yu" in "Yucatán".

ra
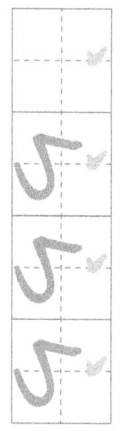 
Ausgesprochen wie das "Ra" in "Rahmen".

wo
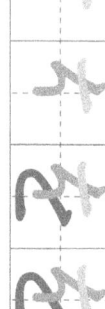
Wie das "Wo" in "Woche", mit einem stummen "w".

yo
Wird genauso ausgesprochen wie das "Yo" in "Yo-yo".

ru
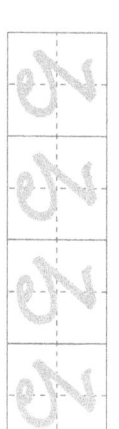 
Ausgesprochen wie das "Ru" in "Ruhe".

n*
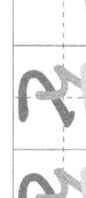
Ausgesprochen wie der "n"-Laut in Wappen.

re
Wird ausgesprochen wie das "re" in "reden".

ro
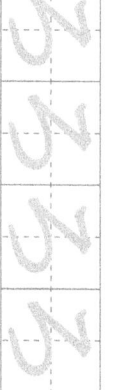 
Wird ausgesprochen wie das "ro" in "rodeln".

ri

Ausgesprochen wie das "Ri" in "Ringer".

wa
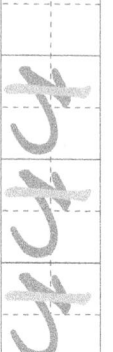 
Wie das "Wa" in "Wagon", mit dem "w" von "Wut".

ありがとう
arigatou

Vielen Dank!

Vielen Dank, dass Sie sich für unser Buch entschieden haben!

Sie sind nun auf dem besten Weg, Japanisch lesen, schreiben und sprechen zu lernen, und wir hoffen, dass Ihnen unser Hiragana Arbeitsbuch gefallen hat.

Wenn es Ihnen Spaß gemacht hat, mit uns zu lernen, würden wir uns sehr freuen, wenn Sie uns in einer Rezension von Ihren Fortschritten berichten!

Wir sind immer daran interessiert zu erfahren, ob es irgendetwas gibt, was wir tun können, um unsere Bücher für zukünftige Schüler besser zu machen. Wir sind bestrebt, die besten Sprachlerninhalte zur Verfügung zu stellen, daher bitten wir Sie, sich mit uns per E-Mail in Verbindung zu setzen, wenn Sie ein Problem mit einem der Inhalte in diesem Buch hatten:

hello@polyscholar.com

POLYSCHOLAR

www.polyscholar.com

© Copyright 2020 George Tanaka - Alle Rechte Vorbehalten.

Rechtliche Hinweise: Dieses Buch ist urheberrechtlich geschützt. Dieses Buch ist nur für den persönlichen Gebrauch bestimmt. Der in diesem Buch enthaltene Inhalt darf ohne direkte schriftliche Genehmigung des Autors oder des Herausgebers nicht reproduziert, vervielfältigt oder übertragen werden. Sie dürfen den Inhalt dieses Buches ohne die Zustimmung des Autors oder des Herausgebers nicht verändern, verteilen, verkaufen, verwenden, zitieren oder paraphrasieren.

www.ingramcontent.com/pod-product-compliance
Lightning Source LLC
Chambersburg PA
CBHW060415010526
44107CB00006B/707